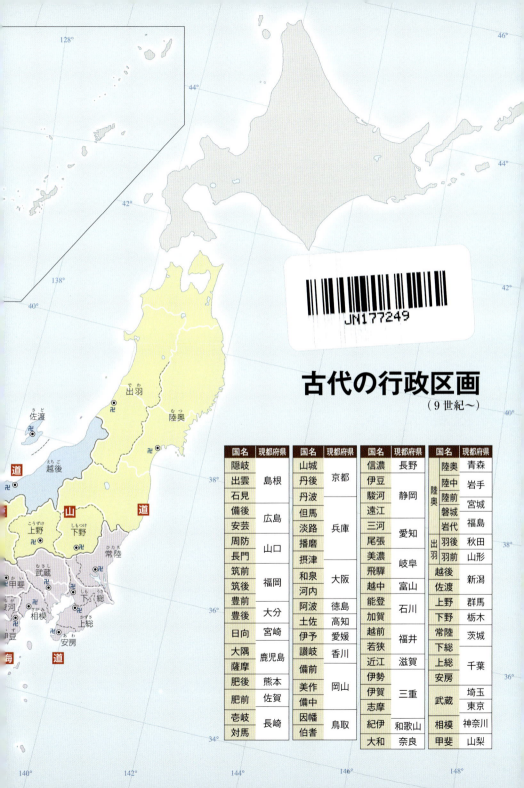

1 干支(えと)

干支順位表

木		火		土		金		水	
兄	弟	兄	弟	兄	弟	兄	弟	兄	弟
甲	乙	丙	丁	戊	己	庚	辛	壬	癸
① きのえね 甲子 コウシ(カッシ)	② きのとうし 乙丑 イッチュウ	③ ひのえとら 丙寅 ヘイイン	④ ひのとう 丁卯 テイボウ	⑤ つちのえたつ 戊辰 ボシン	⑥ つちのとみ 己巳 キシ	⑦ かのえうま 庚午 コウゴ	⑧ かのとひつじ 辛未 シンビ	⑨ みずのえさる 壬申 ジンシン	⑩ みずのととり 癸酉 キユウ
⑪ きのえいぬ 甲戌 コウジュツ	⑫ きのとい 乙亥 イツガイ	⑬ ひのえね 丙子 ヘイシ	⑭ ひのとうし 丁丑 テイチュウ	⑮ つちのえとら 戊寅 ボイン	⑯ つちのとう 己卯 キボウ	⑰ かのえたつ 庚辰 コウシン	⑱ かのとみ 辛巳 シンシ	⑲ みずのえうま 壬午 ジンゴ	⑳ みずのとひつじ 癸未 キビ
㉑ きのえさる 甲申 コウシン	㉒ きのととり 乙酉 イツユウ	㉓ ひのえいぬ 丙戌 ヘイジュツ	㉔ ひのとい 丁亥 テイガイ	㉕ つちのえね 戊子 ボシ	㉖ つちのとうし 己丑 キチュウ	㉗ かのえとら 庚寅 コウイン	㉘ かのとう 辛卯 シンボウ	㉙ みずのえたつ 壬辰 ジンシン	㉚ みずのとみ 癸巳 キシ
㉛ きのえうま 甲午 コウゴ	㉜ きのとひつじ 乙未 イツビ	㉝ ひのえさる 丙申 ヘイシン	㉞ ひのととり 丁酉 テイユウ	㉟ つちのえいぬ 戊戌 ボジュツ	㊱ つちのとい 己亥 キガイ	㊲ かのえね 庚子 コウシ	㊳ かのとうし 辛丑 シンチュウ	㊴ みずのえとら 壬寅 ジイン	㊵ みずのとう 癸卯 キボウ
㊶ きのえたつ 甲辰 コウシン	㊷ きのとみ 乙巳 イッシ	㊸ ひのえうま 丙午 ヘイゴ	㊹ ひのとひつじ 丁未 テイビ	㊺ つちのえさる 戊申 ボシン	㊻ つちのととり 己酉 キユウ	㊼ かのえいぬ 庚戌 コウジュツ	㊽ かのとい 辛亥 シンガイ	㊾ みずのえね 壬子 ジンシ	㊿ みずのとうし 癸丑 キチュウ
51 きのえとら 甲寅 コウイン	52 きのとう 乙卯 イツボウ	53 ひのえたつ 丙辰 ヘイシン	54 ひのとみ 丁巳 テイシ	55 つちのえうま 戊午 ボゴ	56 つちのとひつじ 己未 キビ	57 かのえさる 庚申 コウシン	58 かのととり 辛酉 シンユウ	59 みずのえいぬ 壬戌 ジンジュツ	60 みずのとい 癸亥 キガイ

2 方位

十二支であらわす方角

方位	八卦(はっけ)の方位	十二支の方位
北	坎(かん)	子(ね)
東北	艮(こん)	丑(うし) 寅(とら)
東	震(しん)	卯(う)
東南	巽(そん)	辰(たつ) 巳(み)
南	離(り)	午(うま)
西南	坤(こん)	未(ひつじ) 申(さる)
西	兌(だ)	酉(とり)
西北	乾(けん)	戌(いぬ) 亥(い)

方位も十二支で表示した。南北を示す子午線や，鬼門(きもん=悪霊の入り込む方角)の北東方向を艮(丑寅)とよぶ。平安京では鬼門封じに比叡山延暦寺(えんりゃくじ)がおかれた。また，城郭(じょうかく)の乾櫓(いぬいやぐら)(戌亥=北西)・巽門(たつみもん)(辰巳=南東)などの名称ともなっている。

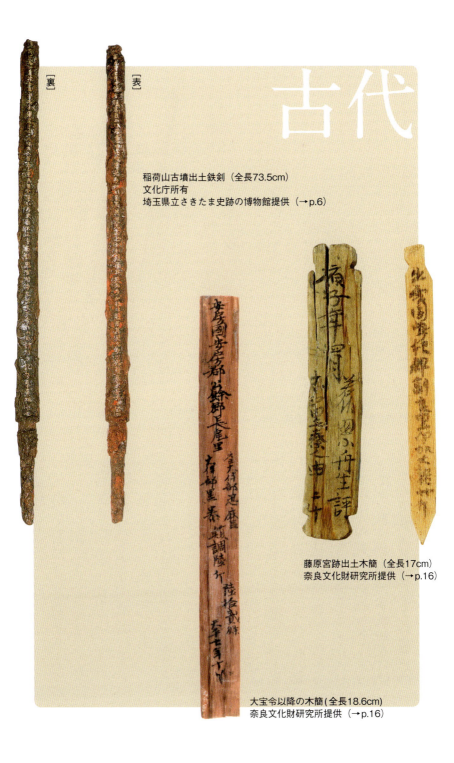

古代

稲荷山古墳出土鉄剣（全長73.5cm）
文化庁所有
埼玉県立さきたま史跡の博物館提供（→p.6）

藤原宮跡出土木簡（全長17cm）
奈良文化財研究所提供（→p.16）

大宝令以降の木簡（全長18.6cm）
奈良文化財研究所提供（→p.16）

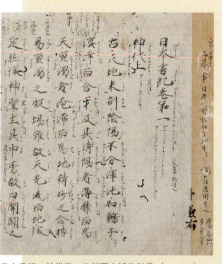

日本書紀　神代巻　京都国立博物館蔵（→p.14）

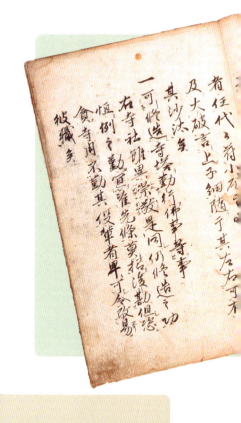

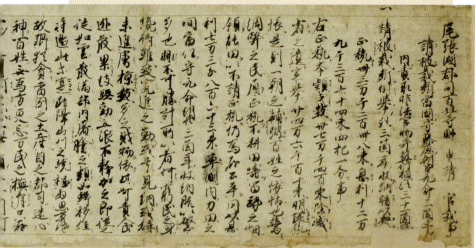

尾張国郡司百姓等解文　早稲田大学図書館蔵（→p.26）

中世

御成敗式目　公益財団法人前田育徳会蔵（→p.44）

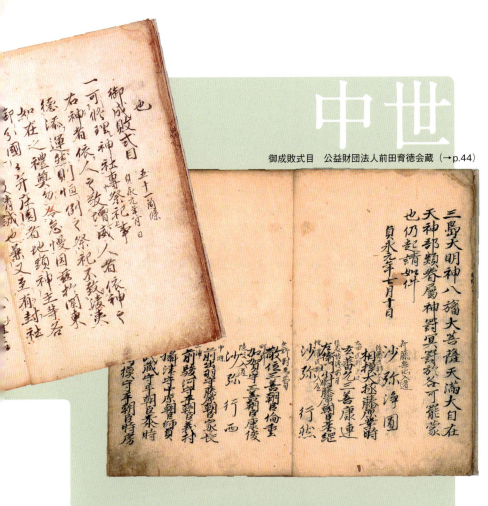

大乗院寺社雑事記
国立公文書館蔵
（→p.64）

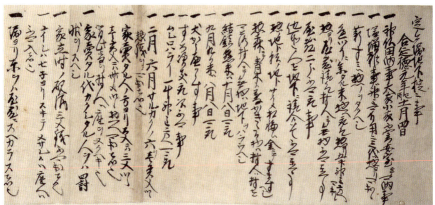

今堀日吉神社文書「今堀地下掟」
今堀町自治会所蔵
滋賀大学経済学部附属史料館保管 (→p.60)

塵芥集　仙台市博物館蔵 (→p.68)

近世

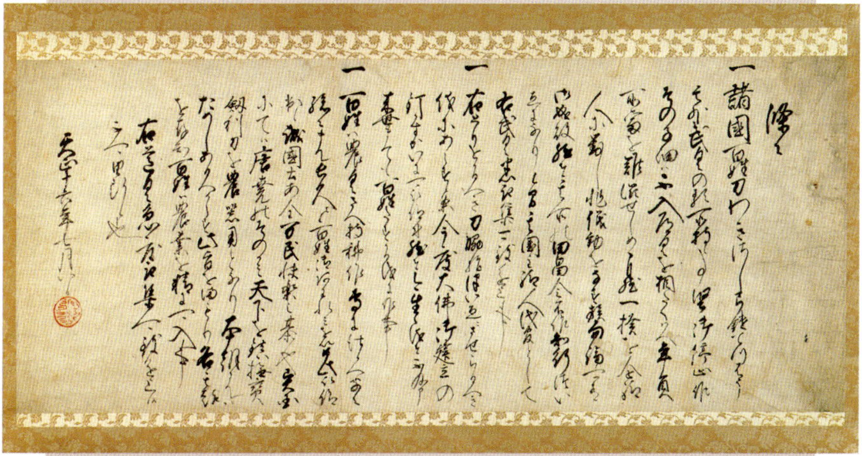

豊臣秀吉朱印刀狩条目　大阪城天守閣蔵（→p.82）

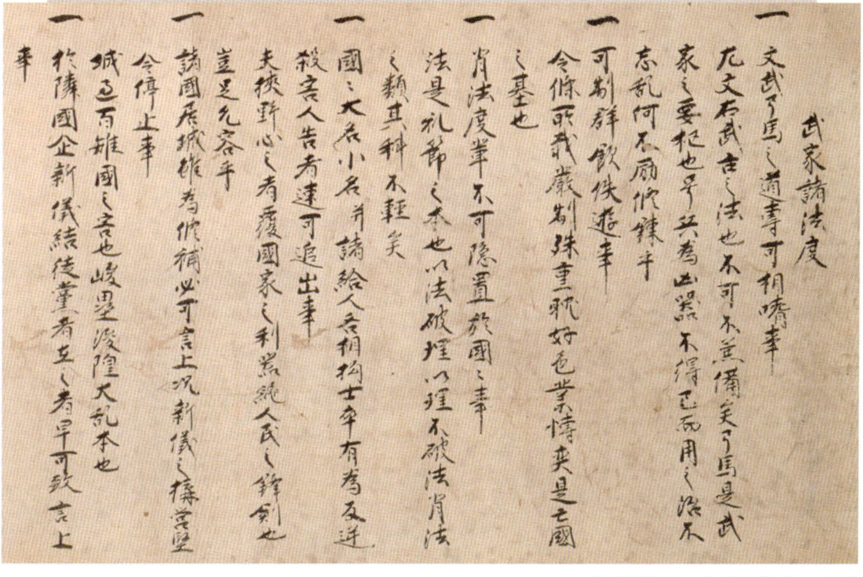

武家諸法度

一　文武弓馬之道専可相嗜事
左文右武古之法也不可不兼備矣弓馬是武家之要枢也号兵為凶器不得已而用之治不忘乱何不励修錬乎

一　可制群飲佚遊事
令條所載嚴制殊重耽好色業博奕是亡國之基也

一　背法度輩不可隠置於國々事
法是礼節之本也以法破理以理不破法背法之類其科不軽矣

一　國々大名小名并諸給人各相抱士卒有為反逆殺害人告者速可追出事
夫挟野心之者為覆國家之利器絶人民之鋒剣也豈足允容乎

一　諸國居城雖為修補必可言上況新儀之搆営堅令停止事
城過百雉國之害也峻塁浚隍大乱本也

一　於隣國企新儀結徒黨者在之者早可致言上事

武家諸法度　金地院蔵（→p.90）

禁中並公家諸法度　明治大学博物館蔵（→p.94）

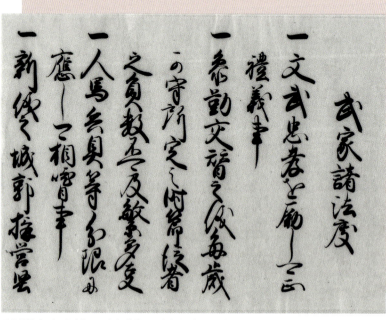
武家諸法度（天和令）　岡山大学附属図書館蔵（→p.90）

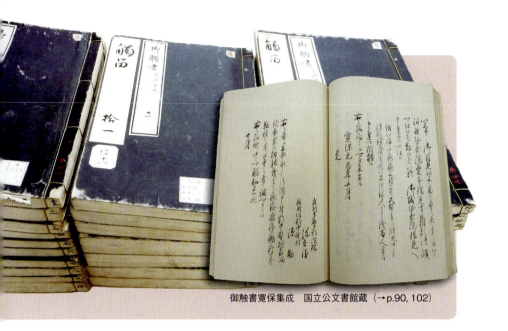

御触書寛保集成　国立公文書館蔵（→p.90, 102）

近代・現代

大日本帝国憲法
国立公文書館蔵（→p.156）

『中央公論』1916年1月号（→p.168）

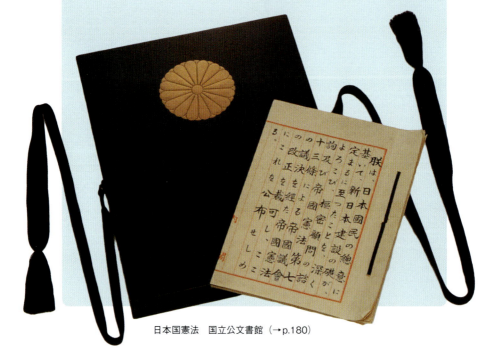

日本国憲法　国立公文書館（→p.180）

はじめに

　歴史好きな人は多くても，史料にまで興味関心をお持ちの人はそれほど多くないかもしれない。言葉が難しく読みにくいという印象もあるだろう。しかしながら，史料は過去の歴史像を明らかにしようとする時には欠かすことのできない材料であり，あらゆる歴史の記述は，その根拠となる史料に基づいて書かれているといってよい。

　そのような意義を踏まえて，高等学校の歴史学習においても史料から歴史を考える学習も行われている。「日本史史料集」のような補助教材も発行されているが，教科書そのものにも，各時代の代表的な史料が掲載されている。その場合，教科書本文とは別にコラムのような形で史料を載せているが，それらを扱って，史料から教科書の記述の根拠を知るなど多面的・多角的に学んでいる。

　さて本書では，山川出版社の『詳説日本史』に掲載されている史料のうちから48点を選んだ。有名な史料も多いが，難解な史料を読み解くのはたやすいことではない。漢文はもとより書き下し文でも読みにくいと考え，すべてを現代語訳にした。しかも，逐語訳では意味を取りにくいので，わかりやすい口語訳を心がけたつもりである。そのため，かなり意訳している部分もあるが，その意のあるところをお汲み取りいただきたい。

　構成については，1つの史料について4ページでまとめ，【リード文】，【口語訳史料】，【史料を読む】，【史料にまつわる，あれこれ】，【教科書にはどう書かれているか】，【もっと知りたい人のための参考文献】という配列とした。

　【リード文】は，いわば口語訳史料を読むための準備運動のようなもので，史料の背景や基礎知識を簡単に示した。それにつづく【口語訳史料】がメインで，ぜひ，これを味わってお読みいただきたいと考えている。実際に読んでみると，その時代の息づかいを感じていただけるだろう。

　次の【史料を読む】では，口語訳史料を読み取る際のポイントを記した。こ

I

れを手がかりに，口語訳史料をもう一度吟味していただいてもよいだろう。そして，【史料にまつわる，あれこれ】では，さらに歴史的意義や時代の背景・動向についても説明し，その史料を歴史の流れのなかでとらえられるようにした。

さらに【教科書にはどう書かれているか】で，実際の教科書の記述を示した。史料を読んだあとに読むと，教科書本文の記述の根拠を理解していただけるだろう。

ページの最後には【もっと知りたい人のための参考文献】を示した。入手しやすいものをあげたので，さらに深く学び，歴史を楽しみたい時には参考にしていただきたい。また，可能な限り【図版】も入れた。【口絵】の迫力ある写真とともに，視覚的にもお楽しみいただければと思う。巻末の【出典一覧】や各部の末ページの【史料所蔵機関】も同じ趣旨である。それぞれの史料がどのような形で伝来し，現在どのように保存されているかなどがおわかりいただけると思う。

本書から史料を通した歴史の学びの面白さを感じ取っていただければ，編者としてこれに勝る喜びはない。

下山忍

目次

第1部 古代　　1

1 邪馬台国　—『魏志倭人伝』にはどのようなことが書かれているのか—　2

2 倭王武の上表文・稲荷山古墳出土鉄剣銘文
　　—中国の歴史書と考古資料は何を語るか—　6

3 遣隋使の派遣　—なぜ遣隋使は派遣されたのか—　10

4 大化改新の詔　—大化改新の詔は出されたのか—　14

5 国分寺建立の詔　—国分寺はなぜ建立されたのか—　18

6 大仏造立の詔　—大仏造立はどのような事業だったのか—　22

7 尾張国郡司百姓等解　—国司はなぜ訴えられたのか—　26

8 肥後国鹿子木荘　—鹿子木荘は寄進地系荘園の典型か—　30

第2部 中世　　35

9 院政の開始　—上皇(法皇)による政治はどのようなものだったのか—　36

10 『平家物語』　—平氏の繁栄はどのように描かれているのか—　40

III

11	北条泰時書状	―御成敗式目はどのような趣旨で制定されたのか―	44
12	紀伊国阿氐河荘民の訴状	―農民たちは何を訴えたのか―	48
13	永仁の徳政令	―幕府は御家人の窮乏にどう対処したのか―	52
14	悪人正機	―親鸞の教えはどのようなものだったか―	56
15	惣掟	―室町時代の村ではどのような掟がつくられたのか―	60
16	山城の国一揆	―国人による自治はどのように行われたのか―	64
17	分国法・家法	―戦国大名はどのような法を制定したのか―	68

第3部　近世　73

18	楽市令	―織田信長の楽市令はどのような都市政策か―	74
19	太閤検地	―秀吉の検地はどのように行われたのか―	78
20	刀狩令	―秀吉が民衆から刀を取り上げたのはなぜか―	82
21	バテレン追放令	―なぜ秀吉はキリスト教宣教師を国外に追放しようとしたのか―	86
22	武家諸法度	―幕府は大名をどのように統制したのか―	90
23	禁中並公家諸法度	―江戸時代の朝幕関係はどのようなものであったか―	94
24	鎖国令	―江戸幕府の鎖国政策の実態はどのようなものだったのか―	98
25	百姓に対する生活統制	―幕府が百姓統制を重視したのはなぜか―	102
26	上げ米	―享保の改革で幕府の財政は再建されたのか―	106

27	身分社会への批判　—安藤昌益はどのような思想家だったのか—	110
28	海国兵談　—林子平はなぜ処罰されたのか—	114
29	異国船打払令　—幕府の対外政策はどう展開したのか—	118
30	人返しの法　—この政策で農村は再建されたのか—	122
31	株仲間の解散　—幕府の物価引き下げ策は成功したのか—	126

第4部　近代・現代　131

32	日米修好通商条約　—幕府は諸外国とどのような条約を結んだのか—	132
33	王政復古の大号令　—王政復古が行われたのはなぜか—	136
34	五箇条の誓文　—明治政府はどのような国づくりをしようとしたか—	140
35	徴兵告諭　—国民皆兵はどのようにして実現したか—	144
36	学事奨励に関する太政官布告—被仰出書　—教育の目的は何だったか—	148
37	民撰議院設立の建白　—自由民権運動はどのように始まったか—	152
38	大日本帝国憲法　—どのような憲法が制定されたのか—	156
39	第3次桂内閣初閣議での桂太郎の発言　—桂太郎は藩閥の継承者か—	160
40	二十一カ条の要求　—日本は中国にどのような「要求」をしたのだろうか—	164
41	民本主義　—明治憲法下でどのような民主化が可能だったのか—	168

| 42 | 治安維持法 —「稀代の悪法」はどのようにつくられたか— | 172 |

| 43 | ポツダム宣言 —日本はどのように降伏したのか— | 176 |

| 44 | 日本国憲法 —憲法はどのように改正されたのか— | 180 |

| 45 | サンフランシスコ平和条約
—どのような講和が行われたのだろうか— | 184 |

| 46 | 日米相互協力及び安全保障条約
—安保条約はどのようなものになったのか— | 188 |

| 47 | 日韓基本条約
—日本と韓国の国交正常化はどのように行われたのか— | 192 |

| 48 | 日中共同声明 —日中国交正常化はどのように実現したか— | 196 |

出典一覧　201

第1部 古代

藤原京（復元模型）橿原市教育委員会

1 邪馬台国

『魏志倭人伝』には
どのようなことが書かれているのか

邪馬台国は3世紀前半に日本にあった国で、その女王が卑弥呼である。日本で漢字の使用が始まったのは5世紀頃からであり、この頃のことは日本側の記録にはない。しかし、漢が朝鮮半島に楽浪郡を置いた頃より、古代中国の歴史書が当時の日本のことを記すようになった。紀元前1世紀の様子が『漢書』に、1〜2世紀の様子は『後漢書』に記されている。それに続き3世紀頃の様子を記しているのが、三国志の『魏志』である。正式には『三国志』魏書烏丸鮮卑東夷伝倭人条というが、一般的には「魏志倭人伝」の名で知られている。全部で1900字ほどの文章であるが、貴重な情報源と言える。そこには、どのようなことが書かれているのだろうか。

口語訳史料

【位置】 倭人は、(朝鮮の)帯方郡の東南に広がる大海のなかにあって、山がちな島に国をつくっている。もとは100余国あり、漢の時代には朝貢してきた国もあった。今、魏に使者を遣わしてくる国は30カ国である。

帯方郡から倭に行くには、海岸づたいに船で行き、……対馬国に着く。……邪馬台国に着く。女王が都としているところである。……帯方郡より女王国に到着するまでは1万2000里余りになる。

【風習・組織・身分】 男子は大人も子どもも、みな顔や体に入れ墨をしている。……物資を保管する倉庫がある。諸国には市があり、お互いに必要な品を交換している。不正や争いがないように「大倭」という役人に監督させている。女王国より北には、とくに「一大率」を置いて点検・監察させており、諸国はそれを怖れ憚かっている。

……身分の低い「下戸」が身分の高い「大人」と道で出会うと、後ずさりして草むらに入って道を譲る。話を聞く時はしゃがんだり、ひざまづい

たりして聞く。両手は地につけて敬意を示す。

【卑弥呼の統治】 ……倭国ではもともと男の王が治めていたが，70〜80年経つと乱れ，戦いが何年も続くようになったので，国々は共同で1人の女子を立てて王とした。この女王の名は卑弥呼という。鬼道(呪術)を行い，人々を幻惑させながら導いた。かなりの年齢だったが，夫はいなかった。弟がいて政治をたすけていた。

【魏との通交】 ……239(景初3)年6月，卑弥呼は大夫の難升米らを帯方郡に遣わしてきて，魏の天子にお目見えし，朝貢したいと言ってきた。……その年の12月，(魏の)皇帝は命令を発して，倭の女王に「……今，そなたを親魏倭王に任命し，紫の組紐をつけた金印を用いることを許す。これは包装して封印し，帯方郡の太守に託して授与する。……」と告げた。

【卑弥呼の死】 ……卑弥呼が死んで，大きな墳丘をつくった。長さは百余歩(145.8m?)で，いっしょに葬られた奴隷は100人ほどであった。改めて男王を立てたが，国中は服従せず，争いが起こり，1000人以上が死んだという。そこで，また卑弥呼の一族で13歳になる壹与という女子を王として立てたので，国中はやっと収まった。

(「魏志倭人伝」)

史料を読む

　文中の【位置】，【風習・組織・身分】，【卑弥呼の統治】，【魏との通交】，【卑弥呼の死】は，便宜上入れたものである。史料を読んでみよう。
　邪馬台国というと，【位置】をめぐる「邪馬台国論争」がたいへん有名である。口語訳史料では省略したが，対馬国のあとに，一大国(一支国か)，末盧国，伊都国，奴国，不弥国，投馬国などの小国の名もみえる。この通り読むと，邪馬台国の位置は九州のはるか南方海上になってしまい，距離か方位のどちらかが誤っているのではないかと考えられている。距離を信じれば近畿説，方位を信じれば九州説となる。この論争は単に所在地がどこかというだけでなく，日本の国家形成をめぐる問題に大きな影響を与えることになる。ちなみに奈良県の纒向遺跡では，2009(平成21)年に3世紀前半頃の整然と配置された大型建物跡が発見され，邪馬

台国との関係で注目されている。

【風習・組織・身分】では，邪馬台国では「大人」と「下戸」などの身分差があったことが書かれている。この背景としては，農耕社会のなかで貧富差や社会的分業が進展したことや，小国間の戦いのなかでの捕虜奴隷が生まれたことなどが考えられている。また，邪馬台国には「一大率」や「大倭」などの役人がいたこともわかり，ある程度の統治組織や租税・刑罰の制度も整い，市も開かれていたことが知られ，非常に興味深い。

史料にまつわる，あれこれ

■女王卑弥呼はどのような統治をしていたのか

邪馬台国の頃は，政治と祭祀がまだわかれていなかった。女王である卑弥呼は神に仕える巫女(シャーマン)として，呪術で人々を導いていた。夫はおらず，弟が政務をたすけて国を治めていたと書かれている。倭国では2世紀末に大きな争乱が起こり，なかなか収まらなかったので，卑弥呼を女王として立てたところ，ようやく収まったとある。卑弥呼の死後も同様のことが起こった。邪馬台国は小国の連合体で，各小国の自立心も強く，男王の強力なリーダーシップを嫌ったのかもしれない。

■なぜ魏は邪馬台国を手厚くもてなしたのか

当時の中国は，魏・呉・蜀にわかれて争う三国時代であった。このような国際情勢のなか，卑弥呼は239年に魏の皇帝に使いを送った。その意図は，小国連合であった邪馬台国において自らの権威を高めようとし，また，この頃敵対していた狗奴国に対して優位に立とうとしたのかも知れない。

これに対し，魏の皇帝は「親魏倭王」の称号と金印，さらに多数の銅鏡を与えたが，強大な魏が東方の小国に厚遇を与えたのはなぜだろうか。これは3世紀の東アジア情勢から考える必要がある。この頃，魏は江南の呉と対立していたほか，朝鮮半島北部に台頭しつつあった高句麗にも備える必要があった。魏の側にも邪馬台国と通交する理由があったのである。この後，卑弥呼の後継者である壹与が，266年に魏に代わった晋に使いを送っているが，それ以後約150年間，倭国に関する記載は中国の歴史書から姿を消している。

教科書にはどう書かれているのか

(『詳説日本史』22頁)

近畿説をとれば，すでに3世紀前半には近畿中央部から九州北部におよぶ広域の政治連合が成立していたことになり，のちに成立するヤマト政権につながることになる。一方，九州説をとれば，邪馬台国連合は九州北部を中心とする比較的小範囲のもので，ヤマト政権はそれとは別に東方で形成され，九州の邪馬台国連合を統合したか，逆に邪馬台国の勢力が東遷してヤマト政権を形成したということになる。

▶ もっと知りたい人のための参考文献

佐伯有清『邪馬台国論争』岩波新書　2006年

石野博信・高島忠平・西谷正・吉村武彦『研究最前線 邪馬台国 いま，何が，どこまで言えるのか』朝日新聞出版　2011年

渡邉義浩『魏志倭人伝の謎を解く』中公新書　2012年

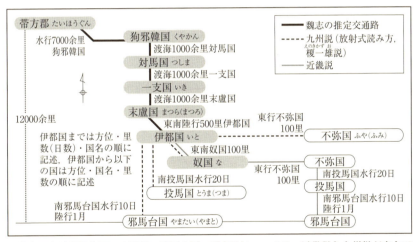

▲帯方郡より邪馬台国への道程　邪馬台国の所在地については，近畿説と九州説が有力である。九州説では，「魏志倭人伝」に記された帯方郡から邪馬台国に至る道程で，伊都国以降の国々を伊都国を中心に放射状に位置づける解釈によって，邪馬台国を九州北部にあったとする。近畿説では，伊都国以降の方位について南は東の誤りと解釈し，邪馬台と大和の音の一致，3世紀の大型墳丘墓や大規模集落遺跡の存在などを説の根拠とする。

2 倭王武の上表文・稲荷山古墳出土鉄剣銘文
中国の歴史書と考古資料は何を語るか

中国の歴史書『宋書』によると、5世紀を通じて、讃・珍・済・興・武という倭の5人の王が中国南朝の宋に朝貢の使者を遣わし「倭の五王」と総称されている。**史料A**は、このうち倭王武の上表文である。**史料B**は、埼玉県の稲荷山古墳出土鉄剣の銘文である。ここには「ワカタケル大王」という名がみえるが、この王は、**史料A**の倭王武と同じ雄略天皇のことである。史料の少ないこの時代において、中国の歴史書と考古資料は何を語ってくれるのだろうか。

口語訳史料

史料A
　倭王の興が死んで、弟の武が王となった。武は、自らを使持節都督倭・百済・新羅・任那・加羅・秦韓・慕韓七国諸軍事、安東大将軍、倭国王と称した。
　順帝の昇明2(478)年、武は使者を派遣して、順帝に文書をたてまつりこう述べた。「わが国は中国から遠く、辺鄙なところにあります。昔から私の祖先は自ら甲冑を身につけ、山や川を駆けめぐり、休む暇はありませんでした。東にある55国を平らげ、西の66国を従わせ、海を渡って朝鮮半島95国を平定しました。……」と。

（『宋書倭国伝』）

史料B
（表）辛亥の年(471)に記します。私の名前はオワケの臣、遠い祖先の名前はオホヒコ、その子の名前はタカリのスクネ、その子の名前はテヨカリワケ、その子の名前はタカヒシワケ、その子の名前はタサキワケ、その子の名前はハテヒ。
（裏）その子の名前はカサヒヨ、その子の名前はオワケの臣。先祖代々、

杖刀人の首とし、今に至るまで大王にお仕えしてきました。ワカタケル大王が、シキの宮に宮殿を置かれていた時、私は大王が天下を治めるのをたすけました。何回もたたいて鍛え上げたよく切れる刀をつくらせて、私と一族のこれまでの大王にお仕えした由緒を書き残して置くものです。

（「稲荷山古墳出土鉄剣銘文」、口絵参照）

史料を読む

　史料を読んでみよう。史料Aでは倭王武による統一の経緯が記されていて興味深い。「自ら甲冑を身につけ……」とあるように、歴代の倭王たちは、のちの天皇と異なり、自ら軍装に身を包み軍勢を率いて戦った。政権の中心であった近畿地方から東へ、西へ、海を渡って朝鮮半島に勢力を拡大していった様子が述べられている。また、史料Bは、倭王武と考えられるワカタケル大王に仕えたオワケの臣が、自分と祖先の功績を誇り、その内容を鉄剣に刻ませた銘文である。史料Aは中国の歴史書、史料Bは日本の金石文というように、まったく異なる系統の史料であるが、それゆえに多面的・多角的にみることができるのである。

史料にまつわる、あれこれ

■ なぜ、武は中国皇帝に使者を送ったのか

　なぜ武が中国皇帝に使者を送ったのかと言えば、中国皇帝の権威を背景として自らの立場を有利にしようとしたためと考えられている。一方、中国の側でもこれを受け入れ、称号などを与えて名目的な君臣関係を結んだ。これを冊封関係と言い、中国の歴代王朝は周辺諸国との間にこうした関係を持っていた。

　史料Aをみると、倭王武は「使持節、都督倭・百済・新羅・任那・加羅・秦韓・慕韓七国諸軍事、安東大将軍、倭国王」と自称している。この称号の

任命を宋の皇帝にお願いしたのである。しかし，順帝はそのまま任命しなかったようである。ここでは省略したが，「百済」を除く六国諸軍事を任命したという記事がこのあとにある。

■ 武の長い称号の意味は何か

それでは，武の長い称号はどのような意味を持っているのだろうか。「使持節」は皇帝から権力の一部を任されたことを示す格式。「都督」から「諸軍事」までに記された地域は軍政権のおよぶ範囲。「安東大将軍」は将軍すなわち武官の格式。「倭国王」は民政権もおよぶ範囲，ということになろう。これは実際に倭が支配していた地域ではなく，朝鮮半島における軍事活動に対する承認を求めたものである。先にみたように，宋は「百済」を除外して認めたが，これは，宋が北魏との対抗上，百済との連携を重んじていたためと考えられている。「任那」と「加羅」は加耶，「秦韓」はのちに新羅に統一される辰韓，「慕韓」はのちに百済に統一される馬韓と考えられており，いずれも朝鮮半島南部の諸国である。

■ 倭の五王とは誰か

史料Aに「倭王の興が死んで弟の武が王となった」とあるように，興と武は兄弟関係である。この関係は『古事記』や『日本書紀』の記述とも一致するので，興は安康天皇，武は雄略天皇と考えられている。同様に興・武の父である済も允恭天皇とすることに異論はない。しかし，親子兄弟関係に関する『宋書』と『古事記』や『日本書紀』の記述が異なる讃には応神・仁徳・履中天皇と説がわかれ，珍についても仁徳・反正天皇と説がわかれている。

■ 「稲荷山鉄剣銘文」からどんなことがわかるのか

史料Bは，史料Aと同じ時期のことを記した日本側の史料である。紙に書かれたものではなく，鉄剣に金をはめ込んで文字を記している。こうした手法を「金象眼」という。日本列島における漢字使用の早い例として知られ，文献史料のないなかできわめて貴重なものである。そして，史料Aのようにまったく異なる史料を複眼的に読み解くところに歴史の面白さがある。

史料Bには，この剣をつくらせたオワケの臣の祖先であるオホヒコからオワケの臣まで8代の系譜を示し，代々杖刀人（武官）の首（隊長）として大王に仕えてきた由来を記し，ワカタケル大王がシキの宮にあった時に，オワケの

臣がこれをたすけたということ，何回も練り直した立派な剣をつくり，大王に仕えた由来を書き残すということが記されている。

■ **オワケの臣は何者か**

銘文に記されたオホヒコが『日本書紀』にみる四道将軍の1人大彦であり，中央の阿倍氏や膳氏の始祖とされることからオワケの臣を中央豪族とする説もある。この場合，中央豪族であるオワケの臣が稲荷山古墳の被葬者に鉄剣を与えたか，自らが東国に派遣されてここで死去したということになるが，いずれも考えにくい面があり，やはりオワケの臣は北武蔵の豪族であり，被葬者と一致すると考える説の方が有力である。

> **教科書にはどう書かれているのか** （『詳説日本史』27頁）
>
> 朝鮮半島南部をめぐる外交・軍事上の立場を有利にするため，5世紀初めから約1世紀近くのあいだ，『宋書』倭国伝に讃・珍・済・興・武と記された倭の五王があいついで中国の南朝に朝貢している。

▶ **もっと知りたい人のための参考文献**

篠川賢『日本史リブレット5　大王と地方豪族』山川出版社　2001年
森公章『日本史リブレット人2　倭の五王』山川出版社　2010年
吉村武彦『シリーズ日本古代史②　ヤマト王権』岩波新書　2010年

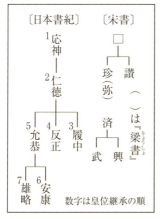

▲倭の五王と天皇

3 遣隋使の派遣
なぜ遣隋使は派遣されたのか

中国では隋が589年に南北朝を統一して大帝国をつくり上げ、高句麗にも軍を送るなどした。こうしたなか、倭国では推古天皇が即位し、甥の厩戸王（聖徳太子）と大臣の蘇我馬子がこれを支えた。この朝廷では、倭の五王以来途絶えていた中国と国交を開くために小野妹子らを隋に派遣した。これが遣隋使である。なぜ、遣隋使は派遣されたのだろうか。

口語訳史料

史料A
開皇20(600)年、倭の王で、姓は阿毎、字は多利思比孤、大王と称する者の使者が文帝のところにやってきた。文帝は部下に倭の風俗を尋ねさせた。　　　　　　　　　　　　　　　　　　　　　　（『隋書』倭国伝）

史料B
推古天皇15(607)年に、小野妹子を隋に派遣した。鞍作福利を通訳とした。　　　　　　　　　　　　　　　　　　　　　　　　　（『日本書紀』）

史料C
大業3(607)年、倭の王の多利思比孤が、使者を通じて貢ぎ物を送ってきた。倭の使者は「隋の皇帝陛下が仏教を盛んにさせていると聞きました。そこで皇帝陛下にごあいさつするとともに、僧侶数10人をつれて学ばせにまいりました。」と言った。倭からの国書には「日が昇る国の天子が、日が沈む国の天子に手紙を送ります。お変わりはありませんか。」などと書かれていた。煬帝はこれをみて不快に思い、外交官に言った。「野蛮な外国からの手紙（国書）に無礼なものがあったならば、二度と自分に取り次ぐな。」と。　　　　　　　　　　　　　　　（『隋書』倭国伝）

史料を読む

　史料を読んでみよう。**史料A**は600年の遣隋使に関する『隋書』の記事で，倭王が使者を隋の文帝のもとに遣わしてきたことと，これに対して，文帝が倭の風俗を尋ねさせたということが記されている。
　史料Bは607年の遣隋使に関する『日本書紀』の記事で，使者小野妹子や通訳鞍作福利の名前がわかる。
　史料Cは同じく607年の遣隋使に関する『隋書』の記事で，その時のやりとりが『日本書紀』よりも詳しく記されていて興味深い。まず使者(小野妹子)が隋から仏教を学ぶために僧侶を伴ってきたという来意を告げたあとに，有名な国書のくだりとなる。「日が昇る国の天子」というのは東の国の大王，「日が沈む国の天子」とは西の国である隋の皇帝を指している。国書の内容は「お変わりはありませんか」という儀礼的なあいさつであった。そして，これをみて煬帝の機嫌が悪くなったことが記されている。

史料にまつわる，あれこれ

■ なぜ，煬帝は不快になったのか
　煬帝は隋の外交官に「野蛮な外国からの手紙(国書)に無礼なものがあったならば，二度と自分に取り次ぐな。」と命じており，倭の国書の無礼な表現で不快になったことがわかる。無礼な表現とは何か。それは「日が昇る国の天子」と「日が沈む国の天子」という併記にあった。天子とは天の命令を受けて国を統治する者という意味であり，煬帝からすれば自分以外にはあり得なかった。それを倭王が対等に使った点である。従来，倭を含めた東アジア諸国は，中国の皇帝との間に名目的な君臣関係を結んで通交していた。遣隋使は，倭の五王のように，中国皇帝の臣下として官職を得ることを求めていないことが，これまでと大きく異なっていた点と言える。

■その後,隋との関係はどうなったのか

　外交官に「二度と自分に取り次ぐな」と命じた煬帝であったが,翌年,遣隋使小野妹子の帰国に際し,隋は返礼の使者裴世清を倭に遣わした。さらにこの裴世清が隋に帰国する時,倭は8人の留学生・学問僧を同行させた。このなかには高向玄理・旻たちもいた。その後,帰国した彼らは,大化改新に始まる国政改革に大きな役割を果たしたのである。

■なぜ,煬帝は返礼の使者を倭に遣わしたのか

　不快になった煬帝が,それでも倭に対して返礼の使者を送ったのはなぜだろうか。それを解く鍵は当時の国際関係にある。隋は文帝(煬帝の父)の時に高句麗遠征に失敗しており,煬帝もこの後,611年から614年にかけて3回にわたる高句麗遠征を行っている。つまり,この頃,隋と高句麗は緊張関係のなかにあった。隋の煬帝は倭が高句麗と結びつくのをおそれ,怒りを押さえて倭に返礼の使者を送ったのである。

■600年の遣隋使は何だったのか

　それでは,この607年の遣隋使より7年前の**史料A**にみえる600年の遣使は何だったのだろうか。607年の遣使は,**史料B**・**史料C**というように『日本書紀』と『隋書』の両方に記述があるが,600年の遣使は中国側の『隋書』のみに記され(**史料A**),『日本書紀』には記されていない。

　実は**史料A**には続きがある。隋の文帝から風俗を問われた使者は「倭王は天を兄とし,日を弟としています。」と説明し,「倭王は天がまだ明けない夜明け前に政治を取り,日が昇ってくるとあとは弟に任せると言って政治を取りません。」と答えた。これは,倭王が直接統制しなくても秩序が維持されていることを誇ったのかもしれないが,日中,王が政務を取らないことにあきれた文帝が「まったく道理にかなっていない。」と言い,そうした施政を改めるように諭したという記事が続いている。

　そのようなやりとりがあって,外交関係の樹立は果たせなかった。600年の遣隋使を『日本書紀』が記していないのは,外交関係の樹立に失敗した事情を隠したかったからではないだろうか。しかし,この時に隋の進んだ制度や文化を使者が見聞したことが,その後の国内の政治改革に大きな影響を与えることになった。603年の冠位十二階制定や604年の憲法十七条制定は,隋との外交関係を樹立するために国家の仕組みを整備したという見方もできる。

教科書にはどう書かれているのか

(『詳説日本史』35〜36頁)

　中国との外交も**遣隋使**の派遣により再開され,『隋書』にみえる600年の派遣に続けて607年には小野妹子が遣隋使として中国に渡った。この時の隋への国書は倭の五王時代とは異なり,中国皇帝に臣属しない形式をとり,煬帝から無礼とされた。(略)遣隋使に同行した高向玄理・南淵請安・旻らの留学生・学問僧は,長期の滞在ののち中国の制度・思想・文化についての新知識を伝えて7世紀半ば以降の政治に大きな影響を与えた。

▶もっと知りたい人のための参考文献

大山誠一『〈聖徳太子〉の誕生』吉川弘文館　1999年
吉村武彦『聖徳太子』岩波新書　2002年
大平聡『日本史リブレット人4　聖徳太子』山川出版社　2014年

◀隋の皇帝煬帝(ユニフォトプレス提供)

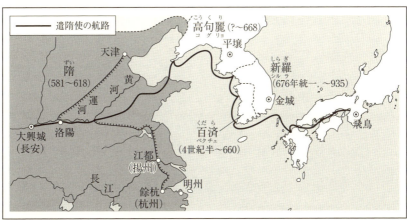

▲7世紀初頭の東アジアと遣隋使

4 大化改新の詔
大化改新の詔は出されたのか

7世紀の初めに，中国では隋が滅んで強大な唐がこれに代わると，東アジア諸国の緊張は高まり，倭国も中央集権的な国家の仕組みを整える必要に迫られた。厩戸王（聖徳太子）の死後，有力豪族の蘇我氏が独裁的な政治を進め，これに対する不満も高まっていた。中大兄皇子は，中臣鎌足らとはかり，645（大化元）年の乙巳の変で，蘇我蝦夷・入鹿父子を滅ぼして政治改革に着手し，翌646（大化2）年正月に4カ条からなる「大化改新の詔」を発したとされている。しかし，「大化改新の詔」は，その信憑性が疑われている。いったい，どのようなことが書かれているのだろうか。

口語訳史料

その1として，むかし天皇が設置した皇室の私有民（子代）や朝廷の直轄地（屯倉），諸豪族（臣・連・伴造・国造・村首）が持っている私有民（部曲）や私有地（田荘）を廃止する。その代わりに，役人（大夫以上）にはその地位に応じて給与（食封）を支給する。

その2として，初めて都の制度を整え，畿内・国司・郡司・関所ととりで（関塞）・北方守備兵（斥候）・防人・駅馬・伝馬を置き，馬を使用する許可証（鈴契）をつくり，地方の行政区画を定める。

その3として，初めて戸籍・計帳をつくり，班田収授法を定める。

その4として，いままでの税は廃止して，田に課税する。……それとは別に1戸ごとに税を徴収する。……　　（『日本書紀』，口絵参照）

史料を読む

　その1は、「公地公民制」の原則について述べている。大化改新以前には豪族たちが土地や人民を私有していた。土地は「田荘」、人民は「部曲」と呼ばれていた。豪族だけでなく、皇室も「屯倉」という私有地、「子代」という私有民を有していた。こうしたことでは、国家としてのまとまりに欠ける。そこで、私地私民を廃して、土地・人民を国家が直接支配する方針を示したのである。その代わり、直接支配を失った豪族たちは、国家の役人として働くことになった。そのため、身分に応じて「食封」という給与を与えたのである。

　その2は、「中央集権的な行政区画」などについて述べている。都を中心に首都圏である畿内、そして全国の行政区画を明確にして国司、郡司を置き、人民を地域的に編成することを示したものである。国家の支配を地方まで行き届かせるためには、都に直結する交通を整備して、駅馬や伝馬という迅速な連絡方法を確立する必要があった。交通手段としての馬は誰もが使えるというわけではなく、鈴契（駅鈴）という使用許可証を持つ役人のみが使えたのである。交通網を警備する関所や砦、あわせて辺境警備の防人などのことにも触れている。

　その3は、「班田収授法」について述べている。班田収授とは6歳以上の男女に一定額の口分田を与え、亡くなるとそれを回収するという制度である。公地公民制の原則のもと、国家が直接に土地・人民を掌握し、その生活を保障しようとしたものである。この班田収授を行うためには、その台帳である戸籍をつくる必要があった。実際には6年ごとに作成されている。戸籍とは別に人民から税を徴収するための計帳もつくられることになり、こちらは毎年作成された。

　その4は、今までの豪族の私的支配のもとでの税を廃止して、これから行う「新しい税制」について述べている。ここでは、田に課税すると言っているが、律令制度のなかでは、口分田などの収穫の3％を納める租という税があった。そのほかにも、調（郷土の産物）、庸（都での労働、あるいはそれに代わる布）、雑徭（地方での労働）など、おもに成人男性にかかる税もあった。

　こうした様々な税は、「戸」ごとに徴収された。この戸というのは郷戸

とも言い，実際の家族と考えられている房戸(ぼうこ)がいくつか集まってできていたと考えられている。そのような役割から，先にみた戸籍や計帳もこの戸(郷戸)ごとに作成されていた。

史料にまつわる，あれこれ

■郡か評か

さて，大化改新の詔の信憑性(しんぴょうせい)が疑われているということを冒頭で述べたが，その理由としてよく知られているのが，「郡(こおり)」という文字についてである。詔の「その2」では，郡や郡司について述べているが，そもそも詔が出された646年の時点では，「郡」という文字は使われていなかったのである。

なぜ，それがわかったかと言えば，木簡の発見である。木簡(もっかん)とは，当時，荷札などに使われていた木の札であり，後世の人の手が入らないことから，当時のありのままを伝えてくれる貴重な史料である。考古学の発掘により，現在では38万点を超える木簡がみつかっているが，そのうちの藤原宮から出土した木簡に「評(こおり)」という文字が使われていた。藤原京に都が置かれていたのは694年から710年までであるから，大化改新の詔より50～60年ものちの時代でも「郡」ではなく「評」が使われていたことが明らかとなったのである。郡も評も「こおり」と読むが，「郡」は701年の大宝律令以降に用いられた文字である。つまり，詔に書かれていたとすれば「評」であり，720(養老(ようろう)4)年に完成した『日本書紀』が大宝律令をみて「郡」にしてしまったということがわかってきたのである。

■大化改新の詔はフィクションか

「郡」以外にも，『日本書紀』がその後の情報によって記したのではないか，とされる箇所もある。たとえば，「その1」で「天皇」と書かれているが，「天皇」という語が使われるのはこれより約30年後の天武天皇の頃と考えられている。また，「その3」の班田収授法についても，この時に施行されたことを疑問視する向きもある。このように，「大化改新の詔」はのちの時代になって書かれていることが明らかとなってきている。

すなわち，私たちが目にする「大化改新の詔」は，720年に完成した『日本書

紀』に残されており、のちの大宝令などによる潤色（じゅんしょく）が多くみられる。646(大化2)年の段階で原型になるような詔などがあったのか、それともまったくの虚構であったのかは意見のわかれるところであり、今後も慎重な検討が求められるが、この後に進められていく律令国家による政治改革の方向性について集約されていると言うことはできよう。

教科書にはどう書かれているのか
（『詳説日本史』38～39頁）

646(大化2)年正月には、「改新の詔」が出され、豪族の田荘・部曲を廃止して公地公民制への移行をめざす政策方針が示されたという。全国的な人民・田地の調査、統一的税制の施行がめざされ、地方行政組織の「評」が各地に設置されるとともに、中央の官制も整備されて大規模な難波宮が営まれた。王権や中大兄皇子の権力が急速に拡大する中で、中央集権化が進められた。こうした孝徳天皇時代の諸改革は、**大化改新**といわれる。

▶もっと知りたい人のための参考文献
　大山誠一『古代国家と大化改新』吉川弘文館　1986年
　遠山美都男『大化改新─645年6月の宮廷革命』中公新書　1993年
　中村修也『偽りの大化改新』講談社現代新書　2006年
　吉川真司『シリーズ日本古代史③　飛鳥の都』岩波新書　2011年

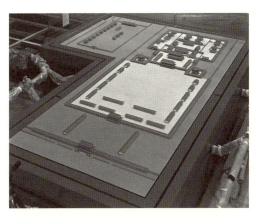

◀難波長柄豊碕宮（ながら）（復元模型）　難波宮（なにわのみや）は645年の難波遷都により造営が開始され、652年に完成した。八角形の楼閣（ろうかく）が建てられ、16棟の朝堂（ちょうどう）が配置されるなど、これまでにない特徴のある宮廷が復元されている。（大阪歴史博物館蔵）

5 国分寺建立の詔
国分寺はなぜ建立されたのか

奈良時代の741(天平13)年,聖武天皇は全国に国分寺(金光明四天王護国之寺)と国分尼寺(法華滅罪之寺)を建立せよという命令を発した。それは,仏教の力によって,社会の安穏を保つという「鎮護国家」の思想に基づいていた。それではいったい,この時代に何が起こり,聖武天皇は何に苦慮していたのだろうか。

口語訳史料

(天平13〈741〉年)3月24日,聖武天皇が詔を出されて,次のように言われた。

「私は徳が薄いのにもかかわらず,天皇という重い位についた。未だに民を教え導くことができず,日夜恥ずかしい思いをしている。……近年,穀物の実りが豊かでなく,疫病がはやっているのも,不徳の至すところと恥じ,自分を責めさいなむばかりであった。そこで,広く民のために幸福を求めたいと思った。

……諸国に命じて,それぞれの国に七重塔1基を建立し,金光明最勝王経と妙法蓮華経を書写させよ。それとは別に,私自身は金字で金光明最勝王経を書写して,諸国の塔ごとに1部ずつ納めようと思う。願うところは,この造塔と写経の功徳によって,仏法の繁栄が天地とともに永く続き,その恩恵があの世でもこの世でも豊かに満ちているように,ということである。

……また,諸国は,僧寺(国分寺)には封戸50戸・水田10町,尼寺(国分尼寺)には水田10町を施入せよ。僧寺には必ず20人の僧を置き,金光明四天王護国之寺と名づけよ。尼寺には必ず10人の尼を置き,法華滅罪之寺と名づけよ」と。

(『続日本紀』)

史料を読む

史料を読んでみよう。内容は前半には聖武天皇が国分寺を建立する動機，後半にはその具体的な指示が書かれている。とくに前半部分では，公式文書らしからぬ表現のなかに，聖武天皇の人間性が垣間みられて興味深いものがある。

史料にまつわる，あれこれ

■聖武天皇の時代に何があったのか

聖武天皇は724(神亀元)年に即位し，749(天平感宝元)年に娘の孝謙天皇に譲位するまでの25年間，天皇の位にあった。この時代は，729(天平元)年に長屋王の変が起こるなどの政情不安があり，735(天平7)年には天然痘の流行により多くの人々が亡くなった。その被害は庶民にとどまらず，政権の中枢にいた武智麻呂・房前・宇合・麻呂という藤原不比等の4人の子があいついで死去するなど，政権運営にも影響を与えた。史料のなかで「疫病がはやっている」とあるのは，この天然痘の流行のことを指している。

さらに，この詔が出された前年の740(天平12)年には，藤原広嗣が，九州において，壬申の乱以来，最大規模といわれる反乱を起こしている。史料を読むと，不作や疫病が起こるのは自らの不徳の至すところと謙遜しているが，打ち続く疫病や凶作，政争や戦乱による社会不安を仏教の力で鎮めようとしたのが，「国分寺建立の詔」であった。

■なぜ，あいつぐ遷都が行われたのか

藤原広嗣の乱は1カ月余りで鎮圧されたが，乱に衝撃を受けた聖武天皇は，平城京を出て伊勢に行幸したのを皮切りに，恭仁京(京都府相楽郡)・難波宮(大阪市)・紫香楽宮(滋賀県甲賀市)などに都を転々と移した。745(天平17)年に平城京に戻るまで5年間にもおよんでいる。こうした不自然な遷都の理由はよくわかっていない面もあるが，聖武天皇自身の不安な気持ちが表れていることは確かであろう。

■国分寺ではどのような宗教行為が行われたのか

　史料には,「金光明最勝王経を書写させよ」とある。この金光明最勝王経は鎮護国家の経典であり,読誦することで四天王など諸天善神の加護が得られると説かれている。この時代には四天王像も多くつくられており,東大寺戒壇院のものが有名であるが,忿怒の表情で,手には武器を持ち,足下に邪鬼を踏みつける姿につくられている。このような強い力で社会不安を打ち払い,国家を護持するという仏教思想に基づいていた。聖武天皇は,国分寺で僧たちにこの経典を読経させて「鎮護国家」を実現しようとしたのである。そのために,「20人の僧を置け」とも命じているのである。国分尼寺にも「10人の尼を置け」とあり,同様に妙法蓮華経＝法華経を読経させた。のちに天台宗や日蓮宗に大きな影響を与える法華経には鎮護国家の思想がみられ,この時代においても重視されていたのである。

■国分寺・国分尼寺は741年に建てられたのか

　以上のように,鎮護国家の実現を担う目的で,国分寺・国分尼寺は建立された。国衙に近い場所に建てられたので,その地域は政治・文化の中心になった。現在,東京都の国分寺市をはじめ,全国に地名が残っている。発掘調査の結果,各国の国分寺の様子がしだいにわかってきたが,その伽藍配置は必ずしも一様ではない。金光明最勝王経を納める七重塔と本尊を安置する金堂が中心であるが,七重塔が回廊のなかに入る例と,入らない例がある。また,寺域も方形の場合が多いが,なかにはいびつな形や多角形の場合もある。

　それから,この「国分寺建立の詔」が出された741（天平13）年に全国でいっせいに国分寺・国分尼寺ができあがったわけではない。時代の先端を行く寺院の建立は大変な事業であり,造営は非常に難航し,多くの国で完成したのは奈良時代の終わり頃だったと考えられている。約50年におよぶ大事業であった。朝廷は,造営を進めるために,官職と引き替えに郡司たちの寄進を求めたとも言われている。

■僧・尼とはどのような存在だったのか

　鎮護国家を祈禱によって実現する専門家が僧・尼である。これには誰もがなれるというわけではなく,国家による免許制で,具体的には「得度」という手続きが必要であった。これを経ずに勝手に僧を名乗っているのが「私度僧」である。僧・尼には租税が免除されたため,私度僧はあとを絶たなかった。

私度僧は，口分田を捨てて戸籍に登録された土地を離れる浮浪や逃亡などとともに，この時代の大きな社会問題となっており，朝廷は厳罰をもって臨んでいた。

> **教科書にはどう書かれているのか**　（『詳説日本史』50頁）
>
> 政治情勢や飢饉・疫病などの社会的不安のもと，仏教を厚く信仰した聖武天皇は，仏教のもつ鎮護国家の思想によって国家の安定をはかろうとし，741（天平13）年に**国分寺建立の詔**を出して，諸国に国分寺・国分尼寺をつくらせることにした。

▶もっと知りたい人のための参考文献

中西勉『聖武天皇─巨大な夢を生きる』PHP新書　1998年
岡本東三『日本史リブレット7　古代寺院の成立と展開』山川出版社　2002年
須田勉『国分寺の誕生　古代日本の国家プロジェクト』（歴史文化ライブラリー）
　吉川弘文館　2014年

◀**東大寺戒壇院四天王像**　戒壇院の壇上四隅に安置された仏法の守護神。東隅から南・西・北の順に持国天・増長天・広目天・多聞天と名づけられている。いずれもが西域風の皮革製甲冑に身を固め，足下の邪気を踏みつけて威嚇・沈痛の表情を示す。鋭い眼差しや固く結んだ口，あるいは怒号する口，複雑な筋肉の動きなど真に迫る写実的な表情は，天平彫刻を代表するにふさわしい。写真は持国天（左）と広目天（右）。（東大寺）

▲**陸奥国分寺**（復元模型）　国分寺は，国分尼寺とともに国府（国衙）の近くに建立され，その国の文化センターとなった。伽藍配置は，金光明最勝王経を収める七重塔を中心とするが，陸奥国分寺は，塔が回廊の外に建つ東大寺式であった。（国立歴史民俗博物館蔵）

6 大仏造立の詔
大仏造立はどのような事業だったのか

　仏教を厚く信仰した聖武天皇は、仏教の持つ鎮護国家の思想によって国家の安定をはかろうとし、741(天平13)年の国分寺建立の詔に続いて、743(天平15)年には大仏造立の詔を発した。これが有名な奈良の大仏である。大仏は10年経った752(天平勝宝4)年に完成し、開眼供養の儀式が盛大に行われた。聖武太上天皇、光明皇太后、孝謙天皇をはじめ、正装した皇族・貴族・官人たちが参列した。華やかに歌舞音曲が披露され、1万人の僧の読経が響くなか、インド僧菩提僊那の手によって大仏に目が点じられたという。空前のスケールの宗教儀式であった。律令国家が全力を傾けた大仏造立とは、いったいどのような事業だったのであろうか。

口語訳史料

　(天平13〈741〉年)3月25日、聖武天皇の詔に言うには、「ここに天平十五年十月十五日、私は菩薩の大願を立てて、盧舎那仏の金銅像一体の鋳造を開始しようと思う。国中の銅のすべてを使って仏像を鋳て、大きな山を削って仏殿を建てる。その功徳を広く世界におよぼして、私からの仏への捧げ物としよう。そして、この国の万民も同様に仏の恵みを受けて、ともに悟りを開くようにさせよう。

　そもそも、この国で富を持つ者は私であり、権力を持つ者も私である。この富と権力を用いてこの大仏をつくろうとすれば、そのこと自体はたやすいが、真心はこもらないことになる。……もし一枝の草や一つかみの土のように、わずかな物でも寄付して仏像の造立をたすけたいという者がいたら、それを許せ。だからといって、国司や郡司たちはこの造立事業のために百姓たちに強制的に寄付を募ってはならない」と命じられた。

(『続日本紀』)

史料を読む

　史料を読んでみよう。大仏造立にかける聖武天皇の強い決意が表れており，国分寺建立の詔とはまた違った印象を受ける。そして，「菩薩の大願(たいがん)」が大仏造立の動機であったことが書かれている。これは人々を救うための大きな願いということであり，まさに鎮護国家の考えに基づく宗教行為と言うことになろう。そして「金銅像……鋳造」と言うように，金銅仏として造立することや，事業を進める上での民衆のかかわりについても触れている。

史料にまつわる，あれこれ

■金銅仏はどのようにつくったのか

　金銅仏を鋳造する手順は，まず土で原型をつくり，その上にロウをかけ，それを彫刻する。このロウ型を土で覆(おお)って焼くと，ロウだけが溶けて空洞ができ，そこに溶かした銅を流し込む。冷却後に外側の土を壊して金銅像を取り出すというものである。最後に表面には鍍金(ときん)（金メッキ）を施して完成する。
　東大寺大仏も基本的には同じ原理で制作した。ただし，像高が約16mもあるので外型は8段にわけて進めた。原型完成に1年余り，鋳造に2年，整形・補鋳に5年を要したと言う。総重量380トンという大仏をつくるには，ばく大な資材を必要とした。史料に「国中の銅のすべてを使って……」とあるが，実際に銅は約444トン，錫(すず)は約7.6トン，金は約0.4トン，水銀は約2.2トンを要したと言われている。

■仏像制作にはどのような材質が使われたか

　仏像の制作には様々な技法があった。「金銅像」以外では，「木像（木彫）」がある。各時代を通じて用いられる素材であり，私たちがもっともよく目にするのはこれであろう。奈良時代は仏教が国家の保護を受けて発展し，天平文化が花開いた時代である。仏像も数多く制作された。粘土でつくった「塑像(そぞう)」や，布を漆(うるし)で塗り固めてつくった「乾漆像(かんしつぞう)」など，様々な技法もみられる。

塑像では東大寺戒壇院四天王立像,乾漆像では興福寺阿修羅像などの名作も残っている。

■ 盧舎那仏とはどのような仏か

　大仏というのは大きな仏像という意味であり,仏の尊像名(固有名詞)ではない。東大寺大仏の尊像名は「盧舎(遮)那仏」,あるいは「毘盧遮那仏」である。『華厳経』や『梵網経』が説く蓮華蔵世界の教主で,大光明で万物を照らす宇宙根源の仏とされる。史料に「その功徳を広く世界におよぼして……」とあるように,総国分寺としての性格を持つ東大寺の本尊にふさわしい仏と言える。また,史料に「この国の万民も同様に仏の恵みを受けて……」とあるが,これは大仏造立が仏教の力で国の安定をはかろうという鎮護国家の思想に基づいていることを示している。

■ 聖武天皇が大仏をつくるのはたやすいことだったのか

　史料に,「この国で富を持つ者は私であり,権力を持つ者も私である」という有名な言葉がある。そのあとに,「この富と権力を用いてこの大仏をつくろうとすれば,そのこと自体はたやすい……」と続いている。律令国家のトップとしての非常に力強い言葉ではあるが,大仏造立に投入された資材と労働力を考えると,決してたやすいことだったとは考えにくい。

　そこで,次に「もし一枝の草や一つかみの土のように,わずかな物でも寄付して仏像の造立をたすけたいという者がいたら,それを許せ」とある。多くの人々の力で,大仏造立を成し遂げたいという願望である。「知識」という仏教語がある。これは,「仏像や堂塔の造立に金品を寄進してたすけること」という意味である。平城京を離れ各地を彷徨していた聖武天皇は,河内国の知識寺(現存しない)で,その寺の名前通りに多くの信者の寄進によって建立された盧舎那仏を拝観して感銘を受け,大仏造立を思い立ったという。そして,743(天平15)年,紫香楽宮(滋賀県甲賀市)で「大仏造立の詔」を発したのである。

■ 行基の力を利用したのはなぜか

　そうした民衆による協力を象徴する人物に行基がいる。奈良時代の僧行基は,大寺院を離れて民衆への布教にあたっていた。用水や救済施設をつくる社会事業も行い,多くの民衆に支持されていたが,民衆煽動を疑う政府か

らは，当初はきびしい取り締まりを受けていた。しかし，しだいに政府側も行基の力を利用しようとし，聖武天皇が行基と会見し，大仏造立にも協力するようになった。当初，「小僧」とののしられていた行基は，大仏造立の功績もあって，のちに「大僧正(だいそうじょう)」に任ぜられている。大仏造立には民衆の協力が不可欠だったのである。

教科書にはどう書かれているのか
（『詳説日本史』50頁）

政治情勢や飢饉・疫病などの社会的不安のもと，仏教を厚く信仰した聖武天皇は，仏教のもつ鎮護国家の思想によって国家の安定をはかろうとし，（略）743（天平15）年には近江の紫香楽宮で**大仏造立の詔**を出した。……752（天平勝宝4）年，聖武天皇の娘である孝謙天皇の時に，大仏の開眼供養の儀式が盛大におこなわれた。

▶もっと知りたい人のための参考文献

遠山美都男『彷徨の王権　聖武天皇』角川選書　1999年
香取忠彦・穂積和夫『新装版　奈良の大仏』（日本人はどのように建造物をつくってきたか）草思社　2010年
吉川真司『天皇の歴史02　聖武天皇と仏都平城京』講談社　2011年
栄原永遠男『聖武天皇と紫香楽宮』敬文社　2014年

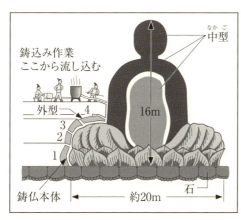

◀**大仏の鋳造**（推定図）　大仏師国中公麻呂(きみまろ)を総責任者とする大仏の鋳造は，8回にわけて行われ，2年余りの歳月を要した。開眼会(かいげんえ)が行われたのは造立の詔(みことのり)が出されてから9年後の752（天平勝宝4）年のこと。この大事業にたずさわったのは，知識(ちしき)（寄進者）42万余人，役夫(やくぶ)（作業者）のべ約218万人とされる。行基はこれに多くの弟子と民衆を率いて参加した。

7 尾張国郡司百姓等解
国司はなぜ訴えられたのか

10世紀になると，地方の政治はほとんど国司に任されるようになった。なかには自分の収入を増やすことだけを目指して不正を行ったり，自分は都にとどまり任命された国には代理人を送って，収入だけを得たりする国司が多くなり，しだいに地方の政治が乱れていったとされている。郡司や百姓が国司を訴えた史料から，国司がどのようなことを訴えられたのか。また，その背景には何があったのかをみていくことにしよう。

口語訳史料

尾張国の郡司と百姓が太政官の裁決をお願い申すこと。尾張守の藤原元命（もとなが）が，今まで3年間に責め取った非法の徴税と不法行為31カ条について私たちの訴えを裁決していただきたい。

(1)一，……決まった額の出挙（すいこ）のほかに，この3年間で正税（しょうぜい）43万1248束の利息として12万9374束4把（わ）1分を徴収したこと……

(2)一，……国司の元命が，国の政庁（せいちょう）で政務をとらないので，郡司や百姓の嘆願が伝わらないこと……

(3)一，……国司の元命の子弟や従者が，郡司や百姓から様々なものを奪い取ること……

(4)一，……国司の元命が都からやってくる時に，官位のある従者や，そのほかのよからぬ者たちを引き連れてくること……

……どうか，元命を罷免（ひめん）して，改めてよい国司を任命していただくようお願い申し上げます。

　　　　　　永延2 (988)年11月8日　郡司百姓等
　　　　　　　　　　　（『尾張国郡司百姓等解文（げぶみ）』，口絵参照）

史料を読む

　この史料は、尾張国の郡司と百姓らが国司藤原元命のことを朝廷（太政官）に訴えたものである。こうした上申書の様式を「解」というので、この史料は「尾張国郡司百姓等解」や「尾張国解文」の名で知られている。説明の都合上、ここでは条文の冒頭に(1)〜(4)の番号をつけた。

　内容をみていくと、元命の3年間の執務について訴えているが、この3年間というのがポイントである。この頃の国司の任期は4年間だったので、この訴えは任期切れの時期をねらって起こされ、元命の再任を阻止する目的があったのである。訴え出た「郡司」とは、文字通り郡を管轄する役人で、国郡郷制のもとでは国司の部下と言えるが、後述するように、この頃は国司のラインからはずされて不満を募らせていた。「百姓」は、古代では「ひゃくせい」と読み、皇族や奴婢以外の広い階層を指す語であったが、ここでは、国司と利害関係の生じる有力農民と考えられる。

　(1)条では、定例の出挙のほかに、正税を貸しつけてその利息を取っていることが訴えられている。そもそも出挙とは、国司が春に稲や粟を貸しつけ、秋に利息とともにこれを徴収する制度で、当時は税の1つと考えられていた。この史料の省略部分に、24万6110束を貸しつけ、利息7万3863束を徴収したとあるが、こちらは合法的なものだった。しかし、元命はそれ以外に正税43万1248束を貸しつけ、利息12万9374束4把1分を徴収したことが違法として訴えられたのである。

　(2)条では、元命が国の政庁で政務をとらず、郡司や百姓の嘆願を取り上げなかったことが訴えられている。省略部分には、元命が都に行って不在であったり、物忌と称して会わなかったりしたことなどが書かれている。物忌とは、暦による日柄や何らかの異変があると、災いを避けるために行動を慎んで家にこもった。陰陽道の影響による風習であり、運命や吉凶を気にかける貴族たちに多くみられた行動であったが、ここでは郡司や百姓は自分たちと会わない口実と考えたようである。

　(3)条では、元命の子弟や従者が郡司や百姓から様々なものを奪い取ることが訴えられている。省略されている部分を読むと、元命には頼方という息子がいて、ともに尾張国に行っていたようである。この頼方が郡司や百姓から馬や牛を取り上げて売り払ってしまったり、荷物馬を差

出させ，出せない者からは絹を責め取ったりしていたという。この頼方も国司である父の威を借りて，強硬な取り立てを行っていたことがうかがえる。

(4)条は，元命が都からやってくるたびに，官位のある従者や，そのほかのよからぬ者たちを引き連れてくることが訴えられている。省略されている部分には，彼らは耕地の検査や納税などを行い，抵抗する郡司や百姓を弾圧したことが書かれている。公的な業務を国司の私的な従者が担当していることには違和感があるが，これが実態だったのである。

こうした訴えは「国司苛政上訴闘争」と呼ばれており，30例近くが知られている。

史料にまつわる，あれこれ

■尾張守藤原元命はその後どうなったか

この解文の告発を受けた元命は，翌年の2月に尾張守を解任された。訴えた郡司・百姓らの法的な勝利であった。しかし，元命は失脚したということではなく，995(長徳元)年には政界に復帰している。(3)条でみた子の頼方も1023(治安3)年に石見守になっている。朝廷(太政官)には，国司たちの目に余る行動には釘を刺すことはあっても，その施政を根本から絶つという考えは乏しかったと言える。

教科書にはどう書かれているのか
(『詳説日本史』78～79頁)

10世紀の初めは，律令体制のいきづまりがはっきりしてきた時代であった。(略)もはや戸籍・計帳の制度は崩れ，班田収授も実施できなくなっていたので，租や調・庸を取り立てて，諸国や国家の財政を維持することはできなくなっていた。

こうした事態に直面した政府は，9世紀末から10世紀前半にかけて国司の交替制度を整備し，任国に赴任する国司の最上席者(ふつうは守)に，大きな権限と責任とを負わせるようにした。この地位は(略)やがて受領と呼ばれるようになった。

(『詳説日本史』79頁)

これまでは，税の徴収・運搬や文書の作成などの実務は郡司がおこなってきたが，受領は，郡司に加えてみずからが率いていった郎等たちを強力に指揮しながら徴税を実現し，みずからの収入を確保するとともに国家の財政を支えた。

▶もっと知りたい人のための参考文献

坂本賞三『荘園制成立と王朝国家』塙選書　1985年
佐々木宗雄『日本王朝国家論』名著出版　1994年
佐々木恵介『日本史リブレット12　受領と地方社会』山川出版社　2004年

▶国司の徴税の請負人化

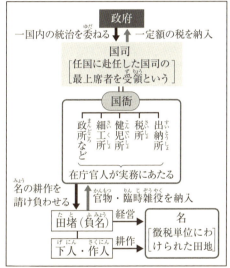

▲任国に赴任する受領の一行（『因幡堂縁起絵巻』）　因幡国の国守に任じられた　橘　行平一行が任国におもむく様子を描いている。（東京国立博物館蔵，Image：TNM Image Archives）

8 肥後国鹿子木荘

鹿子木荘は寄進地系荘園の典型か

荘園とは，一言で言えば貴族や寺社の私有地のことであるが，1つの土地に対する重層的な権利関係に特徴がある。この史料は，肥後国鹿子木荘（現，熊本県熊本市・合志市・植木町）の伝領関係について詳しく書かれている。本家―領家―荘官という伝領関係がわかりやすいので，「寄進地系荘園」の典型として取り上げられている。しかし，最近，そうした見方を見直すべきだという考え方が強くなってきている。どのようなことが書かれているのだろうか。

口語訳史料

鹿子木の事
一，当寺（東寺）は，開発領主である沙弥寿妙の一族からの正統な継承者である。
一，寿妙の子孫である高方の時に，権威を借りるために，実政卿を領家として，年貢400石を割り当てて，高方は荘園の現地を管理する預所職となった。
一，実政の子孫の願西には力がなかったので，国司による不当な介入を防ぐことができなかった。そのために願西は領家の400石のうち200石分を納めて高陽院内親王に荘園を寄進した。……これがこの荘園の本家の最初である。

（「東寺百合文書」）

史料を読む

　史料を読んでみよう。鹿子木荘が立券して荘園となってからの経緯が時を追って書かれている。沙弥寿妙，高方，実政卿，願西，高陽院内親王という人名も登場する。

　こうした伝領関係をみていくと，まず「開発領主」が書かれている。「開発領主」とは10世紀後半以降，未墾地を開墾して私有地化した者のことで，この史料では「沙弥寿妙」がそれにあたる。その寿妙の子孫である中原高方は，権威を借りるために，実政卿（藤原実政）に「領家」となってもらい，年貢400石を割り当て，自分自身は「預所」となって現地を管理したという。史料にはいつとは書かれていないが，藤原実政の活動した時期から考えると11世紀後半のことと考えられる。

史料にまつわる，あれこれ

■「権威を借りる」とはどういうことか

　この頃の国司は徴税について大きな権限を持ち，税をきびしく取り立てていた。開発領主のなかには，それから逃れるために，所領を中央の権力者に「寄進」し，権力者を領主と仰ぐ荘園とし，自らは預所や下司などの「荘官」となる者も現れた。寄進を受けた領主は「領家」と呼ばれた。国司（守）も当然貴族であったが，五位程度の下級貴族だったので，開発領主たちはこれを凌ぐ力を持つ上級貴族たちに寄進し，国司の権限を押さえてもらうことを期待したのである。これが「権威を借りる」ということであった。ちなみに，ここで登場する藤原実政は従二位であった。

　しかし，実政の子孫である願西（藤原隆通）の頃になると，しだいに勢力を失ってきて，国司による鹿子木荘への干渉を防ぎ切れなくなってしまった。そこで願西は，自らが毎年「領家」として得ている400石のなかから200石を拠出して（自らの収入は200石となり半減した），「高陽院内親王」に寄進して領主と仰いだ。これが「本家」の初めであると書かれている。高陽院内親王とは，鳥羽天皇の皇女であるから最高の権威を持つ人物である。時期としては12世

紀前半のことであろう。ちなみに,「内親王」とは天皇の姉妹や皇女のことである。男性ならば「親王」である。

■ 鹿子木荘は寄進地系荘園の典型か
　以上のように,この史料は,百数十年にわたる鹿子木荘の歴史を語っている。鹿子木荘のほかにも「寄進地系荘園」は多いが,このようにはっきりと経緯を描いている史料はないので,現在でも高校教科書や図録などに掲載される有名な史料となっている。そして,開発領主＝荘官が主導する「寄進地系荘園」成立のストーリーを私たちに伝えてくれる。しかし,最近,そうしたストーリーは果たして正しいのか,という疑問の声が強くなってきている。

■ 東寺は何のためにこの文書を作成したのか
　そもそもこの史料がいつ,誰によって書かれたかというと,鎌倉時代後期の永仁年間(1293～99)に東寺によって作成された文書であることがわかっている。それでは東寺は何のためにこの文書を作成したのかと言えば,13世紀末に鹿子木荘をめぐる訴訟があって,その法廷に提出するために作成した文書と考えられている。東寺などの大寺院は,膨大な文書を保管し,現在も歴史研究に貢献しているが,もともと寺院は後世の歴史研究者のために保管していたのではなく,自らの所有する土地をめぐる争いに備えていたのである。だから,この史料は,13世紀末に東寺の訴訟担当者が,保管している文書から鹿子木荘に関する過去の経緯を調べて書き上げたものと考えられる。

■ 東寺は誰の権利を継承したと主張しているのか
　なぜそう考えられるか。その答えは冒頭にある「当寺(東寺)は,開発領主である沙弥寿妙の一族からの正統な継承者である」という記述にある。東寺は,開発領主＝荘官の権利をもとに,この時の法廷で,おそらくは領家や本家の権利を継承する相手方との対決に臨んでいたのである。そのために,開発領主＝荘官が主導する鹿子木荘成立のストーリーとなっている。だから,このストーリーをそのまま歴史的事実とすることはできないのである。

■「寄進」と「立荘」とは何か
　それでは,真相をどのように考えたらよいのだろうか。その答えを解くキーワードも史料のなかにある。それは「高陽院内親王」である。この人物は先

に触れたように鳥羽天皇の皇女である。実は荘園が増加するのは摂関政治の時期ではなく院政期（ことに鳥羽上皇の時代）であり、上皇や院の近臣が大きな役割を果たしていた。つまり、鹿子木荘の本家職についても、実は、鳥羽上皇側からの強い働きかけがあって成立したとも考えられるのである。

この史料についても、13世紀末の東寺によるレトリックを見抜き、荘園の成立についてもこれまでのように下からの「寄進」だけではなく、上からの「立荘」という双方からみていく必要があるのである。

教科書にはどう書かれているのか
（『詳説日本史』81頁・史料補注）

この文書を伝えた東寺は、第一条に記されているように開発領主の権利を継承していると主張している。そのためこの文書では、開発領主→荘官側の権利を実態より大きく記している可能性が大きい。

▶もっと知りたい人のための参考文献

石井進『中世史を考える―社会論・史料論・都市論』校倉書房　1991年
永原慶二『荘園』（日本歴史叢書）吉川弘文館　1998年
樋口州男他編『再検証 史料が語る新事実 書き換えられる日本史』小径社　2010年

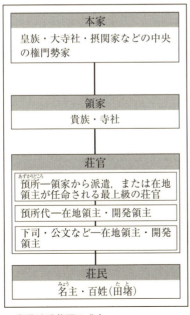

▲寄進地系荘園の成立

▲鹿子木荘の例

8　肥後国鹿子木荘

主な史料所蔵機関(50音順)

京都国立博物館　京都府京都市東山茶屋町527
1897(明治30)年に開館。平安時代から江戸時代にかけての京都の文化を中心とした文化財を収集・保管・展示するとともに,文化財に関する研究,普及活動を行っている。国宝28件,重要文化財183件を所蔵している。

宮内庁書陵部　東京都千代田区千代田1-1
皇室関係の文書や史料などの管理と編修,陵墓の管理を行う宮内庁の機関で,皇室制度や文化の研究,史料の公開,研究成果の刊行などを行っている。所蔵資料は皇室関連資料を中心に45万点以上におよんでいる。

九州国立博物館　福岡県太宰府市石坂4-7-2
「日本文化の形成をアジア史的観点から捉える博物館」を基本理念に2005(平成17)年に開館。『栄花物語』の最古の写本など国宝3件,重要文化財34件を所蔵している。

神宮文庫　三重県伊勢市神田久志本町字赤井1711
古くからの記録文書を収蔵した文殿・神庫と,近世に創設された豊宮文庫と林崎文庫の蔵書をあわせて,1907(明治40)年に創設された。神道,文学,歴史などの和書の保存を目的とし,約20万冊の和書を含む約31万冊を収蔵している。

東京国立博物館　東京都台東区上野公園13-9
1872(明治5)年に創設された日本最古の博物館。国宝87件,重要文化財634件を含む約11万点を所蔵し,多数の寄託品もあり,文化財の収集・展示と調査研究,普及活動を行っている。

東大寺図書館　奈良県奈良市雑司町406
廃仏毀釈で奈良の諸寺の経典・古書・古文書などが散逸することを憂慮して創設され,1896(明治29)年に開設,1903(明治36)年から所蔵史料を公開した。現在は,東大寺総合文化センターで閲覧業務を行っている。

奈良国立博物館　奈良県奈良市登大路町50
仏教美術を中心に,文化財の収集・研究・展示を行っている。「日本書紀　巻第十残巻(田中本)」など国宝13件,重要文化財112件を所蔵し,ほかにも寄託を受けて,多くの国宝,重要文化財などを収蔵している。

第2部 中世

鎌倉全景　©FUSAO ONO/SEBUN PHOTO/amanaimages

9 院政の開始
上皇(法皇)による政治はどのようなものだったのか

11世紀の半ば過ぎに，摂関政治を進めていた藤原氏との関係の薄い後三条天皇が位につくと，自ら政治を行い，荘園の管理を強めるなどの改革を行った。その流れを継いだ白河天皇は，1086(応徳3)年に，幼少の堀河天皇に位を譲って自分は上皇になり，天皇の後ろ盾となって政治の実権を握った。上皇は出家して僧侶になると法皇と呼ばれたが，法皇になっても同様に政治をとった。これを院政という。「院」とは，もともとは上皇や法皇の住まいのことであったが，やがて上皇・法皇自身を指すようになった。院政は，中世の開幕を告げるものであったが，そこではどのような政治が行われたのであろうか。

口語訳史料

　白河院(上皇・法皇)は，後三条天皇が亡くなられてから57年間にわたって，一国の政治を動かした方である。天皇の位につかれていたのが14年，位を譲られてからが43年である。決まりごとやこれまでの前例によらず，自分の思いのままに，貴族たちに位階や官職を授ける人事を行った。こうしたことは，今までなかったことである。

　……(こうして)白河院の勢いは世のなかに満ちて，皆これに従った。堀河・鳥羽・崇徳と幼い天皇3代の間，自ら政治をとり，斎王となって伊勢神宮などに仕えた皇女は6人もいた。こうしたことは，桓武天皇以来，まったくなかったことである。

　優れた知徳を持ち，長きにわたって政治を動かした方である。物事の是非をしっかりと裁き，賞罰をはっきりと行った。人の好き嫌いがいちじるしく，恵まれた者とそうでない者の待遇の差がめだった。男女ともに特別に優遇した近臣も多かったことは，これまでの秩序を壊してしまったと言える。

(『中右記』)

史料を読む

　この史料は『中右記』と言って、藤原宗忠（むねただ）という貴族の日記で、1087（寛治元）年〜1138（保延４）年までの52年間にわたって書かれており、白河院政期から次の鳥羽院政期にかけての重要史料として知られている。平安時代の貴族たちは、儀式や政務を記録するために日記をつけ、自分の家に代々保管し、貴重な情報源として活用した。他人にみせることを考えていなかった分、本音も垣間みえて興味深い。宗忠は右大臣まで務めた上級貴族で、摂関家（せっかんけ）とも関係が深い人物であった。彼の目からみた院政はどのように描かれているのであろうか。

　ここでは、白河院が、天皇として14年間と、それ以降43年間をあわせて57年間の長きにわたって政治をとったと書かれているが、院政に限って言えば、43年間ということになる。白河上皇が出家したのが1096（永長元）年だから、細かくわければ、上皇として10年間、法皇として33年間の施政ということになる。

　その白河院の政治について、「決まりごとやこれまでの前例によらず……人事を行った」「こうしたことは、今までなかった」と評価している。積極果断（かだん）さを表現しているが、これは決してほめ言葉ではない。当時の貴族たちは年功序列などの順番に基づいて人事が進められることに慣れており、それを尊重していた。暗黙の人事ルールを壊されてしまったことにとまどい、嘆き憤った貴族たちもいたことであろう。しかし、それが長きにわたり、「白河院の勢いは世のなかに満ちて、皆これに従った」のである。

史料にまつわる、あれこれ

■院政の権力の源泉は何だったのか

　白河院が「堀河・鳥羽・崇徳と幼い天皇３代の間、自ら政治をと」ったことが書かれている。白河院は、自分の次の堀河天皇だけではなく、その次の鳥羽天皇、さらにその次の崇徳天皇までの皇位を決定した。こうした皇位継承

9　院政の開始

者決定権が院政を行う権力の源泉であったと言える。堀河天皇は28歳という若さで亡くなったので,白河院を引き継いで,院政を行ったのは鳥羽院であった。

■ 院の近臣はどのような人たちだったのか

最後の段落で,「物事の是非をしっかりと裁き,賞罰をはっきりと行った」というのはプラス評価であろうが,「人の好き嫌いがいちじるしく,恵まれた者とそうでない者の待遇の差がめだった」という書き方には批判が含まれている。これはその後の「男女ともに特別に優遇した近臣も多かった」につながるのである。この優遇された近臣とは「院近臣（いんのきんしん）」と言われている。院のまわりに集まった富裕な受領（ずりょう）（国司）や后妃・乳母（こうひ・めのと）の一族などの一団であった。彼らは上級貴族でない場合も多かったが,院から荘園や収益の豊かな国を与えられ,しだいに力を持つようになり院政を支えた。こうした状況をみて,摂関家に近い藤原宗忠はこれを「これまでの秩序を壊してしまった」と嘆いているのである。

■ なぜ院政から中世とされるのか

摂関政治が天皇の母方の一族が実権を握ったのに対して,院政は天皇の父や祖父が実権を握る政治であった。院政は,政治を上皇や法皇の意志で専制的に進めたとされるが,富裕な受領（国司）や台頭する武士をその背景としており,彼らを院近臣としたり,北面（ほくめん）の武士に組織したりしていた。こうしたなかで,摂関家も院政のもとに組み込まれることになり,白河・鳥羽・後白河（ごしらかわ）3上皇の院政が100年余り続いた。院政は,武士の台頭,荘園公領制の成立などの新しい社会の動きに対し,中央政府が生み出した政治のあり方であり,中世の開幕を告げるものでもあったとされている。

教科書にはどう書かれているのか　　　　　　　　（『詳説日本史』87頁）

白河天皇は父の後三条（ごさんじょう）天皇にならって親政（しんせい）をおこなったが,1086（応徳3）年,にわかに幼少の堀河天皇に位をゆずると,みずから上皇（**院**）として院庁を開き,天皇を後見しながら政治の実権を握る**院政**の道を開いた。

（『詳説日本史』88頁）

院政は,自分の子孫の系統に皇位を継承させようとするところから始

38　第2部　中　世

まったが、法や慣例にこだわらずに院が政治の実権を専制的に行使するようになり、白河上皇・鳥羽上皇・後白河上皇と100年余りも続いた。そのため摂関家は、院と結びつくことで勢力の衰退を盛りかえそうとつとめた。

（『詳説日本史』88〜89頁）

　上皇の周囲には、富裕な受領や后妃・乳母の一族など**院近臣**と呼ばれる一団が形成され、上皇から荘園や収益の豊かな国を与えられた。

▶もっと知りたい人のための参考文献
美川圭『白河法皇――中世をひらいた帝王』NHKブックス　2003年
美川圭『院政　もうひとつの天皇制』中公新書　2006年
岡野友彦『院政とは何だったか』PHP新書　2013年

▶院政の機構

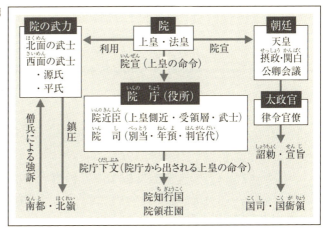

▶摂関政治から院政期の天皇

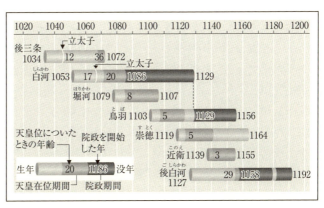

10 『平家物語』
平氏の繁栄はどのように描かれているのか

　この史料は、「平氏一門でない者は人ではない」という有名な『平家物語』の一節である。1159(平治元)年に起こった平治の乱後、平清盛は後白河上皇の信任を得て異例の昇進を遂げ、1167(仁安2)年には武士として初めて太政大臣に就任し、さらには、娘徳子を高倉天皇の中宮に入れた。『平家物語』は鎌倉時代前期に成立し、盲目の琵琶法師が平曲として語り継ぎ、多くの人に知られることになった。軍記物語の傑作とされている。内容は、平清盛の父忠盛の昇殿に始まり、権勢をほしいままにする清盛ら平氏一門の栄華、それを打倒しようとする源氏との合戦、壇の浦での平氏滅亡までを描いている。平氏一門の栄華は、どのように描かれているのであろうか。

口語訳史料

　本人だけでなく、六波羅殿(清盛)の子どもたちも皆高い地位に昇り、名門の貴族たちでさえ、肩を並べられなかった。入道相国(清盛)の妻の弟である大納言平時忠卿は「平氏一門でない者は人ではない」とまで言ったとのことである。そのような状況なので、みな何とかして平氏と縁故を結ぼうとしたのである。……

　日本全国はわずかに66カ国だが、平氏の知行国は30カ国に及び、半数を超えている。それに加えて荘園田畑がどれくらいあるかわからないほどである。

　平氏の邸宅はきらびやかな装いをした貴人たちで満ちあふれ、まるで花が咲いたようである。訪れる客人たちが乗ってきた牛車や馬が群集して、その門前は市をなしたようなにぎわいである。邸宅には、揚州の金、荊州の珠、呉郡の綾、蜀江の錦などで飾られている。「七珍万宝」というが、何一つ欠けている財宝はない。

（『平家物語』）

史料を読む

　最初の段落で，平清盛のことを「六波羅殿」,「入道相国」と呼んでいる。「六波羅殿」とは京都の六波羅に邸宅があったことからの呼称,「入道相国」とは出家した太政大臣という意味で，清盛は太政大臣になった翌年に出家したので，こう呼ばれていた。本人ばかりかその子どもたちも高い地位に昇ったことについては，省略部分に重盛が内大臣・左大将，宗盛が中納言・右大将，知盛が三位中将などが記されている。こうした平氏一門の繁栄を喜んだ平時忠が「平氏一門でない者は人ではない」と言い放ったのである。この時忠は清盛の妻時子の弟で，同じ平氏なので紛らわしいが，清盛たち武門平氏の一族ではなく公家の家柄であった。そのためか，こののち，1185（文治元）年の壇の浦の戦いで源氏方に捕らわれたものの処刑は免れ，能登（石川県）に配流された。余談であるが，現在，石川県輪島市に残る「時国家」は，この時忠の子孫であると伝えられている。

史料にまつわる，あれこれ

■ 平氏政権の経済的基盤は何だったか

　次の段落では，平氏の経済的基盤について書かれている。「知行国」というのは院政期に広まった制度で，その国の支配権を与えるというものだった。与えられた人を「知行国主」というが，知行国主は自分の子弟や一族を国司（国守）に任命するとともに，その国からの収益を得ることができた。日本全体の半数の知行国を平氏が持っているというのは誇張ともとれるが，実際に1180（治承4）年には30カ国であった。

　知行国とともにあげられているのが「荘園」である。荘園も皇族・貴族や大寺社が領有する私有地であり，大規模な開墾と地方の有力者からの寄進を受けて成立していた。史料には「どれくらいあるかわからない」と書かれているが，500にのぼる荘園を有していたとも言われている。こうした荘園や先の知行国は貴族たちの経済的基盤と重なっており，一門の貴族化とあわせて，

平氏政権の貴族的性格を『平家物語』は描いているのである。

■日宋貿易を行っていたことはどこからわかるのか

3つめの段落では，平氏の邸宅に多くの人々が群集する様子が書かれている。権力に群がる人が多いのは世の常と言えるが，注目されるのは，平氏の邸宅に飾られている「揚州の金，荊州の珠，呉郡の綾，蜀江の錦」などである。これら中国の地名はそれぞれの物品の名産地であり，中国からの輸入品であることを示している。

こうした背景には，平氏政権による日宋貿易の推進があった。清盛は，音戸の瀬戸を開削したり，摂津の大輪田泊を修築して瀬戸内海航路の安全をはかった。日宋貿易で得た利益も平氏政権の経済基盤の1つであり，斬新な政策としても評価されよう。

■平氏はその後どうなったのか

このように全盛をきわめた平氏政権であったが，しだいに排除された旧勢力の反発を招き，とくに1177(治承元)年には後白河法皇の近臣らにより平氏打倒をはかる鹿ヶ谷の陰謀が起こった。清盛はこれに対し，1179(治承3)年に後白河法皇を幽閉し，国家機構をほとんど手中に収め，1180(治承4)年には自らの拠点である福原京への遷都をはかった。しかし，こうした権力の独占は，院や貴族，寺社，源氏などの反対勢力の結集を促し，平氏の没落を早める結果となったのである。

教科書にはどう書かれているのか　　　　　　　　(『詳説日本史』92頁)

平氏の経済的基盤は，全盛期には日本全国の約半分の知行国や500にのぼる荘園であり，さらに平氏が忠盛以来，力を入れていた**日宋貿易**もある。11世紀後半以降，日本と高麗・宋とのあいだで商船の往来が活発となり，12世紀に宋が北方の女真人の建てた**金**に圧迫されて**南宋**となってからは，さかんに貿易がおこなわれた。これに応じて清盛は，摂津の**大輪田泊**(神戸市)を修築して，瀬戸内海航路の安全をはかり，宋商人の畿内への招来にもつとめて貿易を推進した。この清盛の積極的な対外政策の結果，宋船のもたらした多くの珍宝や宋銭・書籍は，以後の日本の文化や経済に大きな影響を与え，貿易の利潤は平氏政権の重要な経済的基盤となった。

しかし一方で、清盛は娘徳子（建礼門院）を高倉天皇の中宮に入れ、その子の安徳天皇を即位させ**外戚**として威勢をふるうなど、平氏政権は著しく摂関政治に似たもので、武士でありながら貴族的な性格が強かった。平氏はまた一門が官職について支配の拡大をはかったために、排除された旧勢力から強い反発を受けた。

▶もっと知りたい人のための参考文献

元木泰雄『平清盛の戦い―幻の中世国家』角川選書　2001年
高橋昌明『平清盛　福原の夢』講談社選書メチエ　2007年
山内晋次『日本史リブレット75　日宋貿易と「硫黄の道」』山川出版社　2009年
上杉和彦『日本史リブレット人25　平清盛』山川出版社　2011年

◀平清盛の公卿姿（左、宮内庁三の丸尚蔵館蔵）と出家姿（右、六波羅蜜寺蔵）

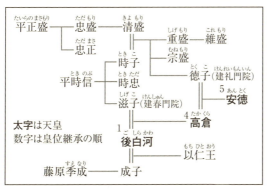

▲平氏と皇室

11 北条泰時書状
御成敗式目はどのような趣旨で制定されたのか

1221(承久3)年の承久の乱で後鳥羽上皇方に勝利した鎌倉幕府の支配力は,東国だけでなく畿内や西国にも広くおよぶようになった。幕府政治は,第3代執権北条泰時の指導のもとに発展し,1232(貞永元)年には最初の武家法典である御成敗式目51カ条が制定された。この式目は,御家人同士や御家人と荘園領主との間の土地紛争などを公平に裁くためのよりどころを明らかにしたものであった。御成敗式目制定直後に,泰時が京都における幕府側の窓口である六波羅探題を務める弟の北条重時に書状を送り,式目制定の趣旨を伝えた。北条泰時はどのような書状を送ったのだろうか。

口語訳史料

さて,この御成敗式目は,いったい何を根拠にしてつくったのかと人は非難するでしょう。確かに,これといった法律上の原典によっているわけではないのですが,ただ道理の指し示すことをまとめたのです。
……あらかじめ,裁判の決まりを定めて,当事者の身分の高い低いにかかわらず,不公平なく判決を出すために詳細に記録しておくのです。この式目は律令格式の規定と違っているところが少しありますが,たとえば律令格式は漢字を知っている人はすんなりと理解できるでしょうが,仮名しか知らない人は,漢字に向かうとまったく読めなくなってしまいます。
この式目は,漢字は読めなくても仮名だけはわかる人が世のなかには多いのですから,広く人々に納得させやすいように,そうした武家の人に役立つように定めたものです。これによって京都の朝廷での御裁断や律令格式の規定を少しでも改めるというようなことではありません。
……
(「御成敗式目　唯浄裏書本」,口絵参照)

史料を読む

　最初の段落では,「御成敗式目が何を根拠にして制定したか」について述べている。原文には「本説(ほんせつ)」とあり, これはよりどころとなる典拠のことなどを意味しているが, それが「道理(どうり)」であるとしている。道理とは, 正しいあり方や筋道, 正当性などを指す言葉であるが, ここでは武士たちの社会における慣習や倫理を指している。すなわち, 当時, 貴族たちが規範としていた律令格式ではないということはまず押さえておきたい。

　次の段落では,「御成敗式目を何のために制定したか」という理由について述べている。「裁判の決まりを定めて, 当事者の身分の高い低いにかかわらず, 不公平なく判決を出すため」であると述べている。「一所懸命(いっしょけんめい)」の言葉通り, 武士たちは自らの所領に生命をかけた。戦いの場だけではなく, 様々な理由により日常的にも土地をめぐり争っており, 実際に裁判の史料は数多く残されている。式目は, それを不公平なく裁くための決まりとして制定されたのである。

　3段落目では,「御成敗式目を誰のために制定したか」という対象について述べている。これは前段落でもほとんど明らかになっているのだが,「漢字を読めない武家」に役立つように定めたと明言している。これは御成敗式目を仮名文字で書いたことの説明にもなっている。そして, より重要なのが, その次にある「これによって京都の朝廷での御裁断や律令格式の規定を少しでも改めるというようなことではありません」というくだりである。鎌倉時代とはいえ, 貴族たちの社会では古代以来の法律である「律令」やその改正法である「格」, 施行細則の「式」が依然として通用していた。御成敗式目はそれらを否定するものではないということを明記しているのである。

史料にまつわる, あれこれ

■ 執権泰時の意図は何だったのか

　これは, 最初の段落にあった「いったい何を根拠にしてつくったのかと人

は非難するでしょう」という部分とも関連するのだが、この書状は、御成敗式目制定の趣旨を朝廷側に周知することを想定して書かれたと考えられる。そのために、京都における幕府側の窓口として朝廷側と日常的にやり取りをしていた六波羅探題に対して書き示したのである。

北条泰時は、執権に就任する前に、承久の乱で幕府軍を率いて京都に攻め上り、後鳥羽上皇方を打ち破ったのちも京都にとどまって戦後処理にあたった。こうした経験から京都の情勢にも通じていた。当然、その指示を受けた六波羅探題北条重時はその務めを果たし、朝廷側の疑心暗鬼や不安に基づくトラブルを未然に防いだと考えられる。

■ 御成敗式目以後はどうなったのか

御成敗式目制定後、鎌倉幕府は必要に応じて法令を順次発布したが、これらは「式目追加」と呼ばれた。さらに、のちの室町幕府の法令も、建武年間以後の式目追加という意味で、「建武以来追加」と呼ばれた。こうした事実は、御成敗式目が室町幕府のもとでも基本法典としての生命を持っていたことを示している。

なお、この史料の出典である「御成敗式目　唯浄裏書本」は、1289（正応2）年に、六波羅探題の奉行人であった斎藤唯浄が書いた御成敗式目の注釈書であり、そのなかにこの書状も記録されていた。

> **教科書にはどう書かれているのか**　（『詳説日本史』102〜103頁）
>
> 1232（貞永元）年には、**御成敗式目（貞永式目）51ヵ条**を制定して、広く御家人たちに示した。この式目は頼朝以来の先例や、道理と呼ばれた武士社会での慣習・道徳にもとづいて、守護や地頭の任務と権限を定め、御家人同士や御家人と荘園領主とのあいだの紛争を公平に裁く基準を明らかにしたもので、武家の最初の整った法典となった。
>
> 幕府の勢力範囲を対象とする式目と並んで、朝廷の支配下にはなお律令の系統を引く公家法が、また荘園領主のもとでは本所法が、まだそれぞれの効力をもっていた。しかし、幕府勢力の発展につれて公平な裁判を重視する武家法の影響は広がっていき、公家法や本所法のおよぶ土地にも武家法が影響を与えるようになり、その効力をもつ範囲が拡大していった。

▶ もっと知りたい人のための参考文献

『中世政治社会思想 上』岩波書店 1972年
笠松宏至編『中世を考える 法と訴訟』吉川弘文館 1992年
近藤成一『シリーズ日本中世史② 鎌倉幕府と朝廷』岩波新書 2016年

制定	1232(貞永元)年, 執権北条泰時
基準	頼朝以来の先例→頼朝時代の政治・裁判にならうこと 武家社会の道理(慣習・道徳)
目的	御家人同士や御家人と荘園領主とのあいだの紛争を, 公平に裁く基準
適用範囲	幕府の支配領域のみ→武家法 ⎰朝廷側―公家法 ⎱荘園領主―本所法
おもな内容	全51カ条 ・御家人の所領争論の基準　14条 ・御家人の所領相続・譲渡の規定　8条 ・犯罪に対する刑罰　12条 ・守護・地頭の職掌　4条

中世武家法体系
貞永式目 → 式目追加 → 建武式目 → 建武以来追加 → 戦国大名分国法

◀御成敗式目　北条泰時は, 式目はあくまでも武家社会における法であり, 公家法・本所法を否定するものではないと, 朝廷方に申し入れさせた。しかし, 鎌倉後期には, 御家人のかかわらない裁判も鎌倉で行われるようになった。

知行年紀法(年紀の制) = 中世武家法の法理

所領・所職の不知行
↓
20年経過
↓
知行回復の請求権は喪失
↓
影響
・永仁の徳政令
・後醍醐天皇個別安堵法

年紀法
↕
不易法 ← 公家法・本所法の法理

▲武士の館(『一遍上人絵伝』)　一遍が筑前国の武家を訪ね, 主人に念仏を施している場面。館は板塀と堀(農業用水として活用)をめぐらし, 弓矢や楯を備えた矢倉(櫓)門を構えて, 防御を固めている。母屋は板敷で, 畳は奥の一部にのみ敷かれ, 広縁の脇に狩猟用の鷹が飼われている。持仏堂の奥には厩があり, 馬の魔除けに飼われている猿もみえる。(神奈川県, 清浄光寺蔵)

12 紀伊国阿氐河荘民の訴状
農民たちは何を訴えたのか

　鎌倉時代の農民は年貢を荘園領主に納めていたが、地頭が置かれた荘園では、荘園領主とは別に地頭が土地や農民を支配しようとすることも多く、農民は荘園領主と地頭の両方からきびしい支配を受けることになった。そのような例としてよく取り上げられるのが、紀伊国阿氐河荘民の訴状である。この訴状は1275（建治元）年10月28日に、農民が荘園領主の寂楽寺に、地頭湯浅氏の非法を訴えたものである。地頭による「ミミヲキリ、ハナヲソギ」というきびしい暴力を告発したことで知られている。農民たちは、どのようなことを訴えているのだろうか。

口語訳史料

　阿氐河荘上村の百姓らが謹んで申し上げます。
一、年貢である御材木の納入が遅れていることでございますが、地頭が京都にのぼるための京上夫役だとか、近所での人夫役だとか言っては、地頭のところでこき使われますので、まったく暇がないのです。残りのわずかな人数で、材木を山から運び出そうとしていると、地頭が「逃亡した百姓の畑に麦をまけ」と言って追い戻してしまいます。「お前らがこの麦をまかないのならば、妻子どもを捕えて、耳を切り、鼻をそぎ、髪を切って尼のようにし、縄で縛って痛めつけるぞ」と地頭が責め立てますので、御材木の納入はますます遅れてしまったのでございます。

（「高野山文書」）

史料を読む

　訴状は2m以上もある巻紙に書かれており、全部で13カ条にわたるが、ここに引用したのはそのうちの第4カ条である。実際は全文つたない筆跡のカタカナで書かれているのだが、ここでは読みやすくするために漢字かな交じり文とした。

　この条文は、納入すべき年貢が遅れていることを荘園領主に説明している。年貢は米で納めるという印象が強いが、それぞれの地域によって異なっており、絹や布、塩など様々であった。この訴状が書かれた阿氐河荘(現、和歌山県有田川町)は山間部にあって、材木がおもな年貢だったのである。

　納入が遅れているのは、地頭に酷使されて「まったく暇がない」からだと言っている。地頭の酷使の具体的な内容としては、「地頭が京都にのぼるための京上夫役」と「近所での人夫役」を例としてあげている。「地頭が京にのぼる」とは、御家人として京都大番役(おおばんやく)などの勤めを果たすために京都に赴くことを指しており、農民たちはそれに同行して荷物などの運搬にあたったのであろう。「近所での人夫役」は阿氐河荘の近隣で地頭の命じる何らかの労働に従事することで、いずれも当時「夫役(ぶやく)」と呼ばれた労働課役であった。

　地頭の酷使はこれにとどまらない。夫役をはずれたわずかな人数の農民たちが、荘園領主に納入するための材木を山から運び出そうとしていると、地頭がやってきて「逃亡した百姓の畑に麦をまけ」と言って追い戻してしまったという。このことから、酷使に耐えかねて逃亡(当時は逃散(ちょうさん)と言われた)した農民がいたことがわかるが、もう1つ耕作しなくなった畑に麦をまけということから、当時のこの地域では二毛作(にもうさく)が行われていたこともわかる。

史料にまつわる，あれこれ

■「ミミヲキリ，ハナヲソギ」は実際に行われたのか

　さて，このあとに有名な「お前らがこの麦をまかないのならば，妻子どもを捕らえて，耳を切り，鼻をそぎ，髪を切って尼のようにし，縄で縛って痛めつけるぞ」という地頭の言葉がある。ここでは地頭はまだ実際に行っているわけではなく，それを予告しておびやかしているのであるが，こうした「耳を切り，鼻をそぐ」という残酷な刑罰はこの時代には実際に行われていたらしい。牢屋（ろうや）に閉じ込め飲食を与えなかったり，水責めをしたりというようなこともあったという。地頭の言葉が単なるおどし文句ではなかったことも事実である。農民本人ではなくその妻子に対する虐待ということも，より心理的圧迫を加えたであろう。

■訴状は誰が書いたのか

　先に述べたように，この訴状は1275（建治元）年10月28日に，農民が荘園領主の寂楽寺に，地頭湯浅氏の非法を訴えたものである。それを手にした寂楽寺が湯浅氏との訴訟の場で用いたと考えられている。そのために，かつては荘園領主側が農民に書かせたという見方もあったが，現在では有力農民が主体的に書いたものと考えられている。ただし，有力農民が単独で書いたということではなく，その背景には農民たちの強い結合があった。漢文を活用できる文章力がなかったため，習得しているカタカナで必死に訴えたのである。そのために抽象化されずに，地頭の口語表現などが生々しく伝えられたのである。なお，この訴状が出されたのは，モンゴルが襲来した弘安（こうあん）の役（えき）の翌年にあたる時期であった。

教科書にはどう書かれているのか

（『詳説日本史』104頁）

　この頃までの武士は開発領主の系譜を引き，先祖以来の地に住み着いて，所領を拡大してきた。彼らは，河川の近くの微高地を選んで館をかまえ，周囲には堀・溝や塀をめぐらして住んでいた。館の周辺部には，年貢や公事のかからない直営地を設け，下人や所領内の農民を使って耕作させた。そして荒野の開発を進めていき，みずからは地頭など現地の管理者として，農民から年貢を徴収して国衙や荘園領主におさめ，定め

られた収入として加徴米などを得ていた。

(『詳説日本史』106頁)

　とくに承久の乱後には，畿内・西国地方にも多くの地頭が任命され，東国出身の武士が各地に新たな所領をもつようになって，現地の支配権をめぐる紛争はますます拡大した。

(『詳説日本史』110頁)

　蒙古襲来の前後から，農業の発達が広くみられ，畿内や西日本一帯では麦を裏作とする二毛作が普及していった。

(『詳説日本史』111頁)

　荘園領主や地頭の圧迫・非法に対する農民の動きが活発となり，団結して訴訟をおこしたり，集団で逃亡したりする例も多くなった。年貢を農民が定額で請け負うこともおこなわれた。

▶もっと知りたい人のための参考文献

黒田弘子『ミミヲキリ，ハナヲソギ―片仮名百姓申状論―』吉川弘文館　1995年
服部英雄『日本史リブレット24　武士と荘園支配』山川出版社　2004年

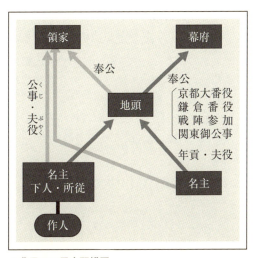

▲農民の二元支配構図

13 永仁の徳政令
幕府は御家人の窮乏にどう対処したのか

　鎌倉後期になると，御家人は，分割相続による所領の細分化や，貨幣経済の進展により窮乏した。さらに，蒙古襲来による負担や恩賞の不足によって窮乏は深刻化し，所領を質入れしたり売却したりして，御家人役を勤められない御家人が増加した。そのような状況への対策として，鎌倉幕府は，1297（永仁5）年に永仁の徳政令を発した。徳政令とはどのようなもので，その発布がどのような影響をおよぼしたのだろうか。

口語訳史料

一　質流れになったり，売買されたりした所領の事

　所領を質に入れて流したり，売却したりすることは，御家人らが困窮する原因である。今後は，所領の質入れや売買を禁止する。これまでに売却した分については，売った元の所有者（御家人）が領有しなさい。ただし，新たな所有者が御家人で，所領の権利を認定した将軍家の下文や下知状を受けていたり，その支配が20年を経過したりしたものについては，公領・私領にかかわりなく，現状を変更することはできない。

　次に，御家人以外の武士や庶民が質流れによって得た土地や買った土地については，20年の年限を経過していたとしても，売主（の御家人）が知行しなさい。

　　永仁5（1297）年7月22日

（東寺百合文書）

史料を読む

　3カ条からなる永仁の徳政令の第2条を掲載した。第1条は，訴訟の頻発に悩む鎌倉幕府が越訴（再審などを求めて正規の法手続を踏まずに行う訴えのこと）を禁じたもので，第3条は債権者から債務の取り立てに関する訴訟は，今後一切受けつけないが，質物を入れることは禁止しないというものである。

　引用した第2条を読んでみよう。所領の質入れや売却が御家人の困窮の原因なので，所領の質入れ・売却を禁止し，御家人が売却した所領を（無償で）御家人に戻すことを命じている。ただし，新たな所有者が御家人で，将軍から所領の権利を認められているものや，支配が20年を経過したものについては，取り戻しができないとしている。なお，支配が20年を経過した所領の取り戻しができないのは，御成敗式目第8条の規定によるものである。この徳政令は，御家人の救済を目的としたものであり，御家人以外の武士や庶民は対象とされていないことが読み取れる。

史料にまつわる，あれこれ

■なぜ御家人は窮乏したのか

　鎌倉時代中期以降，進展する貨幣経済に巻き込まれて窮乏し，さらに，蒙古襲来の際に多大な出費をしたにもかかわらず，十分な恩賞を得られなかったため，窮乏は深刻化した。借金の返済などに苦しんだ御家人のなかには，所領を質入れしたり，売却したりして，所領を失う者も少なくなかった。御家人が幕府に対して勤める軍役などの奉公は，地頭職などの御家人の所領・所職による収益を基盤としていたため，幕府の根幹を揺るがすことになりかねない。

　御家人の所領のうち，先祖相伝や開発の本領については，質入れや売買を行うことができたが，幕府から給与された新恩地の質入れや売買は禁止されていた。しかし，実際には新恩地の質入れや売買も，広く行われるようになった。そのため，鎌倉幕府は，1240（仁治元）年に，新恩地を質に入れて借

金した場合，借金の半額以上を弁済したら，残金の日数指定の分割払いを約束させて，つまり借主に質地を返付させ，半分も返せなかった時には，証文通りに質地を没収することを認めた（半分返済できれば，没収を免れた）。すなわち，幕府が新恩地の質入れを認め，半額の弁済で質地の請け出しを認めることによって，御家人を救済しようとした。また，1273（文永10）年7月，借金を返済しなくても，借主が質地を取り返してよいという下知が下されていた。永仁の徳政令は，このような法令の延長線上に発せられたのである。

■ **徳政令はどのような影響をもたらしたか**

　1297（永仁5）年，永仁の徳政令が発せられた。「徳政」とは，仁徳のある政治，善政を意味するが，債務の破棄や売却地の取り戻しをも指すようになった。前近代の社会では，本来ある姿が正しく，世の秩序が時代とともに崩れて行くのだという考えがあり，本来あるべき姿へ戻すことによって，秩序を回復させることが善政となる。所領については，代々相伝されてきた家に帰属するのが本来の姿であるという意識があり，「徳政」によって，所領を本来あるべきところに戻すということになる。徳政令による所領の無償取り戻しは，当時の人々のこのような意識によるものである。永仁の徳政令以前にも，1285（弘安8）年など，数度の公家による徳政令も発布されている。

　永仁の徳政令は，史料を読んでわかるように，御家人を救済するために，御家人を対象として発せられたものであるが，徳政令の発布は初めてではなかったこともあり，社会の反応は早く，御家人のみならず，庶民による所領取り戻しの動きも活発となった。

　かつては，永仁の徳政令は当時の一般の意識観念を無視したものであったため，翌年には撤回されたと考えられていたが，実際には翌年の法令では，永仁の徳政令で禁止された所領の質入れや売買が合法化され，借金の帳消しに関する規定は再確認されている。

　この徳政令は，鎌倉幕府滅亡まで有効だったようであり，徳政による取り戻しを避けるため，売券と同時に譲り状がつくられるようになる。また，徳政令が発布されても，この売買には適用されないという文言（徳政担保文言）を売券（土地売却の証文）に記すようになった。『徒然草』の著者卜部兼好は，1322（元亨2）年に私領を売却した際も売券に「御徳政ありといえども，この地においては，悔い返すべからざるものなり。（徳政があっても，この地を返還することはない）」と記している。このような事例は，多くの売券にみる

ことができる。

教科書にはどう書かれているのか
(『詳説日本史』112頁)

　幕府は窮乏する御家人を救う対策をとり，1297(永仁5)年には**永仁の徳政令**を発布し，御家人の所領の質入れや売買を禁止して，それまでに質入れ，売却した御家人領を無償で取り戻させ，御家人が関係する金銭の訴訟を受けつけないなどの対策をとった。しかし効果は一時的であった。

▶もっと知りたい人のための参考文献

　笠松宏至『徳政令』岩波新書　1983年
　海津一朗『神風と悪党の世紀　南北朝時代を読み直す』講談社現代新書　1995年

▲**借上**(『山王霊験記絵巻』，部分)　13世紀前半，京都から鎌倉へ訴訟に下った女性が病気で金に困り，借上から金を借りているところ。縁側には長くつないだ銭が置かれている。(大阪府，和泉市久保惣記念美術館蔵)

14 悪人正機
親鸞の教えはどのようなものだったか

　鎌倉時代は戦乱に加えて飢饉も続いたことから、人々は仏教に新たな救いを求めることになった。そうした願いに応えて、念仏・禅・題目の教えを中心に、わかりやすく信仰しやすい仏教のあり方が生み出されていった。いわゆる鎌倉仏教である。念仏の教えは法然・親鸞・一遍が広め、禅の修行の教えは栄西・道元が宋から伝え、題目の教えは日蓮が説いた。ここでは、そのうちの親鸞の考え方をみていきたい。この史料は、唯円によって書かれた『歎異抄』である。弟子の唯円が直接親鸞から聞いた言葉をそのまま伝えていると言われている。親鸞はどのようなことを言っているのだろうか。

口語訳史料

　「善人でさえも極楽に往生するのですから、悪人が往生できないはずはありません。ところが、世間の人はいつも『悪人でさえ往生するのだから、どうして善人が往生できないことがあろうか』と言っています。この言い分は一応もっともなように聞こえますが、阿弥陀仏の本願である他力による救いの考え方には反しています。その理由は、自分で修行や善行を積むことができる人は、ひたすら阿弥陀仏にすがろうという心に欠けているので、阿弥陀仏の本願からはずれているのです。しかし、自分の力を頼む心をきっぱりと捨てて、阿弥陀仏の他力にすがれば、まことの往生をとげることができるのです。欲望や悩みをたくさん持っている私たちが、どのような修行を積んでも生死を繰り返す苦しみから解放されないことを阿弥陀仏が哀れんで、救ってやろうと願いをおこした本当の意図は、悪人を成仏させるためですから、阿弥陀仏にすがる悪人こそが第一に往生できるのです。そこで、善人でさえ往生するのですから、まして悪人が往生できないことはないのです」と親鸞上人がおっし

やったのです。

(『歎異抄』)

史料を読む

　親鸞には『教行信証』などの著作があるが，この『歎異抄』は弟子の唯円によって書かれたものである。「歎異抄」とは「異義をなげく」という意味であるが，親鸞が亡くなってから約30年後に，弟子たちのなかにあった様々な異説に対して，親鸞の教えを正しく伝えることを目的として書かれたものだという。

　史料を読んでみよう。「善人でさえも極楽に往生するのですから，悪人が往生できないはずはありません」という逆説的なレトリックにまず驚かされる。そして，それを予想しているかのように，世間の人はいつも「悪人でさえ往生するのだから，どうして善人が往生できないことがあろうか」と言っていますと続く。もっとも有名な一節である。

　さらに読み進めて行くと，単純に「善人」が良い人，「悪人」が悪い人という意味ではないということがわかってくる。これが冒頭のレトリックの謎解きである。「善人」とは「自分で修行や善行を積むことができる人」，「悪人」とは「自分の力を頼む心をきっぱりと捨てて，阿弥陀仏の他力にすがる人」という意味で使っているのである。

史料にまつわる，あれこれ

■善人とはどのような人々のことか

　「作善」という言葉があった。善根を積むことを言うが，具体的には，造仏や堂塔の建立，仏事供養を営むことなどを指している。平安時代に藤原頼通が宇治に建立した平等院鳳凰堂を思い浮かべてもらうとよいだろう。堂内には金色に輝く阿弥陀仏が安置されていた。寺院の建立や仏像の造立は，多くの皇族や貴族たちによって行われたが，これは阿弥陀仏の救いを待ち望む

気持ちの表れであった。こうした行為が善根を積むことであり，彼らが親鸞のいう「善人」であった。

■ 悪人とはどのような人々のことか

しかし，誰もがばく大な費用のかかる寺院の建立や仏像の造立を行えるわけではない。日々の仕事に追われる庶民には，修行を中心とした生活を送ることは難しかった。なかには生活のために殺生せざるを得ない漁夫や猟師もいた。戦いに生きる武士もまた罪業に苦しむことがあっただろう。こうした人たちが「悪人」であり，極楽往生するためには，ひたすら阿弥陀仏にすがるしかなかった。親鸞はその心が強いと考えたのである。そして，阿弥陀仏の方もそれに応えてくれるのだから，「阿弥陀仏にすがる悪人こそが第一に往生できるのです」と説いたのである。これが悪人正機説である。

■ 親鸞はどのような生涯を送ったのか

親鸞は，日野氏という下級貴族の家に生まれ，9歳で出家して比叡山延暦寺で学んだ。その後，京都六角堂での参籠を経て法然の弟子となった。のちに浄土宗の開祖とされた法然の教えは，「誰でも極楽に行ける」というものであった。親鸞は「たとえ法然上人にだまされて念仏をして，そのために地獄に落ちても悔いはない」と言ったというが，師へのゆるぎない信頼の表明と言える。その法然が1207(承元元)年に弾圧された時に，ともに処罰を受け越後(新潟県)に流罪となった。4年後に許されるが，都には戻らず越後から常陸(茨城県)など東国にとどまって布教にあたった。

親鸞は「煩悩の深い悪人こそ阿弥陀仏が救おうとしている対象である」(悪人正機説)と説いたが，自らが妻を持ち，魚肉を食したと公言したことも，煩悩に満ちた自己を深くみつめて罪業の深さを自覚し，阿弥陀仏にすがる気持ちを徹底するためであったと言えよう。この教えは農民や地方武士に広まり，のちに浄土真宗(一向宗)と呼ばれる教団を形成することになった。

教科書にはどう書かれているのか

(『詳説日本史』113～114頁)

仏教では，それまでの祈禱や学問中心のものから，内面的な深まりをもちつつ，庶民など広い階層を対象とする新しいものへの変化が始まった。

その最初に登場したのが**法然**である。天台の教学を学んだ法然は，源

平争乱の頃,もっぱら阿弥陀仏の誓いを信じ,**念仏**(南無阿弥陀仏)をとなえれば,死後は平等に極楽浄土に往生できるという**専修念仏**の教えを説いて,のちに**浄土宗**の開祖と仰がれた。その教えは摂関家の九条兼実をはじめとする公家のほか,武士や庶民にまで広まったが,一方で旧仏教側からの非難が高まり,法然は土佐に流され,弟子たちも迫害を受けることになった。

　親鸞もこの時,法然の弟子の一人として越後に流されたが,のちに関東の常陸に移って師の教えを一歩進めた。煩悩の深い人間(悪人)こそが,阿弥陀仏の救いの対象であるという**悪人正機**を説いたが,その教えは農民や地方武士のあいだに広がり,やがて**浄土真宗**(一向宗)と呼ばれる教団が形成されていった。

▶もっと知りたい人のための参考文献
平松令三『親鸞』(歴史文化ライブラリー)吉川弘文館　1998年
山折哲雄『親鸞をよむ』岩波新書　2007年
古田武彦『新装版人と思想8　親鸞』清水書院　2015年

宗派	開祖	主要著書	中心寺院
浄土宗	法然(ほうねん)	選択本願念仏集(せんちゃく/せんじゃく)	知恩院(ちおんいん)(京都)
浄土真宗	親鸞	教行信証(きょうぎょうしんしょう)	本願寺(京都)
時宗	一遍	(一遍上人語録)一遍は死の直前,著書・経典を焼き捨てた	清浄光寺(しょうじょうこうじ)(神奈川)
臨済宗	栄西	興禅護国論(こうぜんごこくろん)	建仁寺(けんにんじ)(京都)
曹洞宗	道元	正法眼蔵(しょうぼうげんぞう)	永平寺(福井)
日蓮宗(法華宗)	日蓮	立正安国論(りっしょうあんこくろん)	久遠寺(くおんじ)(山梨)

▲新仏教の宗派一覧

15 惣掟
室町時代の村ではどのような掟がつくられたのか

鎌倉時代後期になると、畿内とその周辺では、荘園や公領の内部に村が生まれ、農民たちが自治を行う動きが始まった。この動きは南北朝の動乱のなかで各地に広がっていった。こうした自治的な村は惣村と呼ばれている。惣村では、寄合という村の会議を開いて、神社の祭礼、農業用水路の建設や管理、燃料や飼料を採る森林の利用や管理など、自分たちの生活にかかわることを決め、もめごとなどを解決した。そのためにつくられた村の規則が「惣掟」である。それはどのようなものだったのだろうか。

口語訳史料

今堀郷の人々が守るべき掟を寄合で決定して定めた。
延徳元(1489)年11月4日

(1) 一、神社の神仏田の年貢は、家の大小にかかわらず、庵室に納めること。
(2) 一、寄合の際の塩・味噌・野菜は、神主が用意すべきであるが、費用は惣が負担する。
(3) 一、薪や炭は、惣で用意したものを焚くこと。
(4) 一、竈神に備えた米は、惣で取り集めて、そのうち5升を神主に納める。
(5) 一、惣より屋敷を借り受けて、村人以外の者を住まわせてはならない。
(6) 一、抵当物件の屋敷を取り壊して没収してはならない。
(7) 一、村人に身元保証人がいなければ、郷内によそ者を住まわせてはならない。
(8) 一、惣の共有地と私有地との境界争いは、金銭で処理すること。
(9) 一、惣の森で樹木や木の葉を取った者は、村人の場合は身分を剥奪す

(10)一、正月4日の神事のための米は、前年の10月8日に納入せよ。
(11)一、9月9日(重陽節句)の神事のための米は、8月8日に納入せよ。
(12)一、犬を飼ってはならない。
(13)一、勧進を名目とする頼母子講の仲介をしてはならない。
(14)一、筵払いに際しては、神主に米1斗を納入する。
(15)一、2月と6月に行われる猿楽能の一座に出す報酬は、それぞれ1貫文ずつ惣の費用から支出する。
(16)一、家を売った者から、売却代金100文につき3文、1貫文につき30文ずつ惣に納めること。この定めに背いた村人は、宮座の構成員から除名する。
(17)一、家を売った代金を隠した者は、起請文を書かせ、今後違反しないことを誓わせる。
(18)一、家を建てた時に大工にふるまう硯酒は、3文銭を超えてはならない。
(19)一、7歳を過ぎて村人の養子になった者は、宮座への加入を認めない。
(20)一、堀より東を屋敷にしてはならない。

(今堀日吉神社文書、口絵参照)

史料を読む

この史料は、滋賀県東近江市今堀町にある日吉神社に伝えられた「今堀日吉神社文書」にある。惣掟は全部で36点あるが、ここでは1489(延徳元)年11月4日の惣掟の全20カ条の口語訳を示した。条文の(1)から(20)の番号は、説明しやすくするためにつけたものである。

史料にまつわる，あれこれ

■ なぜ「犬を飼ってはならない」のだろうか

　20カ条の条文で真っ先に目につくのが，(12)条の「犬を飼ってはならない」ではないだろうか。禁止する理由はどこにも書いていないので想像するしかないが，田畑を荒らしたり，村人に危害を加えたり，吠えてうるさいことによるものだろうか。あるいは，狂犬病を用心したものか。室町時代のことだから食糧の節約ということも考えられる。いずれにしても犬を飼うことが，この惣村（今堀郷）の人々の共通の利益に反することだったのだろう。(13)条の頼母子講の仲介の禁止も，惣村内の金銭トラブルの防止だったかもしれない。

■ なぜ樹木や木の葉を持ち出してはならないのだろうか

　惣村の共通の利益に反するということでは，(9)条はもっともわかりやすい。惣村が所有している森林から，勝手に樹木や木の葉を持って行ってしまうという行為の禁止である。これらは，おそらく燃料や肥料などとして使われたのであろうが，惣村の財産の私物化は許されないことで，村人の場合は身分の剝奪，村人以外の者は追放というきびしい処罰が定められている。(8)条には，惣村の共有地と村人の私有地の境界争いの解決策が示されており，惣村の所有地が前提となっている。

■ 惣村には村民以外の居住者がいたのか

　さて，今堀郷に村人以外の者がいたことは，(9)条だけでなく，(7)条や(5)条からもわかる。(7)条は保証人がいなければよそ者を居住させてはならないという規定であるが，逆に言えば，村人のなかに保証人がいれば居住できた。ただし，その場合でも，(5)条にあるように，惣村の所有する屋敷を借りてそこに住まわせてはならなかったし，(9)条の違反行為があれば村から追放された。このように，今堀郷において村人以外の居住者もいたが，その待遇は村人とは差があったと言える。

■ 宮座とは何か

　村人として認められるには，宮座の一員であることが条件であった。宮座とは，惣村内の神社の氏子組織のことである。(1)条・(3)条・(10)条・(11)条など，

神事における惣の負担を規定しており，(2)条から，寄合の会場も神社であったように読み取れ，神社が惣村結合の中心であったことがわかる。何よりもこの惣掟が今堀日吉神社文書として伝来したこと自体が，惣村と神社との深い関係を物語っている。(16)条に家屋売却税を支払わなかった場合に，宮座の構成員から除名する規定があるが，これは村人の身分を失うことを意味していた。また(19)条の7歳以上の養子を宮座の構成員として認めないという規定は，他村で生まれた者への警戒心からきているものかもしれない。惣村は，村人の固い絆で結ばれていたことが想像できる。(20)条からは，村と外とをわける堀があったことも読み取れる。

教科書にはどう書かれているのか
（『詳説日本史』131～132頁）

惣村は**寄合**という村民の会議の決定に従って，おとな（長・乙名）・沙汰人などと呼ばれる村の指導者によって運営された。また，村民はみずからが守るべき規約である**惣掟**（村法・村掟）を定めたり，村内の秩序を維持するために村民自身が警察権を行使すること（地下検断・自検断）もあった。惣村は，農業生産に必要な山や野原などの共同利用地（入会地）を確保するとともに，灌漑用水の管理もおこなうようになった。また，領主へおさめる年貢などを惣村がひとまとめにして請け負う**地下請**（村請・百姓請）も，しだいに広がっていった。

▶もっと知りたい人のための参考文献
　　仲村研『中世惣村史の研究』法政大学出版局　1984年
　　藤木久志『中世民衆の世界—村の生活と掟』岩波新書　2010年
　　久留島典子『日本史リブレット81　一揆の世界と法』山川出版社　2011年
　　榎原雅治『シリーズ日本中世史③　室町幕府と地方の社会』岩波新書　2016年

▶荘園の鎮守（ちんじゅ）　鎮守は祭礼の場であり，自検断（じけんだん）や一味（いちみ）神水（しんすい）の場でもあった。写真は滋賀県野洲市（やす）の御上（みかみ）神社で本殿は1308（延慶元（えんきょうがん））年の建築。三上庄の鎮守で，中世に始まる宮座神事（みやざしんじ）が今も伝えられている。（御上神社提供）

16 山城の国一揆
国人による自治はどのように行われたのか

応仁の乱は、畠山・斯波の両管領家や将軍家の家督争いに、細川勝元と山名持豊（宗全）が介入して対立が激化したことにより、1467（応仁元）年に勃発した。1477（文明9）年に和議が結ばれて終結したが、南山城（京都府南部）では、畠山義就方と畠山政長方によるはげしい戦いが繰り広げられた。1485（文明17）年、山城の国人が一揆を結び、両畠山氏を国外に退去させ、民衆の支持も得て、自治的な支配を実現した。これを山城国一揆と言う。山城の国人はどのように自治を行っていたのだろうか。

口語訳史料

（文明17〈1485〉年12月11日）今日、山城の国人が集会をした。上は60歳、下は15・6歳という。同日、国中の土民たちも群れ集まった。山城国で戦っている畠山政長・義就の両軍に申し入れる条件を相談して決めるためだという。もっともなことだろう。ただし、これは下剋上が極まったものである。

（文明18〈1486〉年2月13日）今日、山城の国人が平等院で会合した。山城国中を統治するための掟を定めたという。まことに感心なことだ。ただし、一揆がこれ以上勢力を持つようになると、天下のためによくないことになるだろう。

（『大乗院寺社雑事記』、口絵参照）

史料を読む

　山城の国人が集会をし，戦闘を続けている畠山政長と畠山義就の両軍の山城国からの退去を求める相談をして，それを支持する民衆が集まっていることなどを記した1485(文明17)年12月11日の記事と，国人が平等院で会合を持ち，山城国を統治するための掟を定めたという1486(文明18)年2月13日の記事を掲載した。この記事を記した興福寺大乗院門跡の尋尊(じんそん)は，摂政・関白・太政大臣を歴任した一条兼良(いちじょうかねよし)の子である。興福寺は多くの荘園を所有しており，この史料が荘園領主の立場で記されたものであることを踏まえて読むことが大切である。

史料にまつわる，あれこれ

■ 国人はなぜ蜂起したのか

　応仁の乱の原因となった畠山氏の家督争いは，乱の終結後も続き，山城国の南部(久世(くぜ)・綴喜(つづき)・相楽(そうらく)の3郡)で，畠山義就方と畠山政長方によるはげしい戦いが繰り広げられた。河内国(大阪府)を本拠としていた畠山義就は，1483(文明15)年1月に宇治に入り，山城国を本拠とする政長の軍を圧倒して，宇治以南を制圧した。しかし，1485(文明17)年7月，義就方の部将斎藤彦次郎が政長方に寝返ったため，形勢が変わり，同年10月になると両軍が南山城に戦力を結集し，久世・綴喜の郡境を挟んで対陣することとなった。

　両軍は，各所に関所を立てて検問を行ったため，京都と奈良との交通路は遮断された。また，人夫や物資の徴発などの荘園侵略が激化し，民衆は苦しめられた。この局面を打開するため，1485(文明17)年12月に山城の国人が集会を開き，一揆を結んで団結し，両畠山軍に南山城からの退去を求めることとした。

　尋尊が，1485(文明17)年の史料で「もっともなことだろう」と述べているのは，自らの荘園が戦闘で荒らされるのは，荘園領主としても，国人や民衆と同様に迷惑なことだったからである。それでも，1486(文明18)年の史料では，支配者の立場から下剋上の広まりを心配している。

■国人による自治はどのように行われたのか

　国一揆は，退去しなければ攻撃するという圧力をかけるなどして，両軍を退去させることに成功した。こののち，山城の国では，民衆の支持を得た国人（「三十六人衆」，あるいは「三十八人衆」）による自治が行われることになった。

　史料にあるように，1486（文明18）年2月13日に国人たちが宇治の平等院で会合を持ち，3カ条からなる掟を定めた。史料には掟の内容は記されていないが，他の史料から①両畠山軍の山城からの退去，②寺社本所領の回復，③新関（正規の関所ではない新たな関所）設置の禁止という内容であったと考えられる。この会合について，尋尊は，「感心なことだ」としながらも，一揆がこれ以上の力を持つことに懸念を示している。

　この掟は，①両畠山軍を退去させて両軍による侵略を排除し，地域の平和を確立すること，②武士の代官による支配よりも負担の軽い荘園領主による直接管理にすることで，民衆の負担を軽減するとともに，村落の自治を獲得すること，③新関を禁止し，交通の自由を確保することなどを目指している。

　これらは，民衆の要求と合致するものであり，国一揆が民衆の支持を得て，民衆の要求を入れながら，自治を行っていたと考えられる。また，国一揆は，検断（刑事事件における警察・裁判・処罰）権も行使していたようで，殺人を犯して盗みを働いた奈良の符坂（奈良市油阪町付近）の油売りを召し捕り，切り捨てている。これに対して，符坂の本所である尋尊は，「神妙」なことと評価している。

　法制史の研究者で京都帝国大学教授の三浦周行は，1912（大正元）年に発表した論文「戦国時代の国民議会」で山城の国一揆を取り上げて高く評価している。デモクラシーの風潮とともに労働運動などが盛んに行われるようになった大正時代に，山城の国一揆も広く知られるようになった。

■なぜ，国一揆は崩壊したのか

　1493（明応2）年4月の明応の政変で，将軍足利義稙を追放し，8代将軍義政の庶兄政知の子清晃（のちの義澄）を新たに将軍に立てて政権を握った細川政元は，伊勢貞陸を山城の守護とした。9月には，守護代となった古市澄胤の軍勢が南山城に入り，国一揆に大きな打撃を与えた。国一揆は対抗するが，伊勢―古市方に寝返る者も少なからずおり，内部分裂した。こうして，国一揆による8年間にわたる自治に終止符を打つことになった。

このような国一揆による地域自治は，その後，山城国乙訓郡，大和国東山内，同国宇陀郡，近江国甲賀郡など周辺地域にもみられるようになった。国一揆による自治が，南山城から広がったと言えよう。

教科書にはどう書かれているのか
(『詳説日本史』135頁)

　守護大名が京都で戦いを繰り返していた頃，守護大名の領国では，在国して戦った守護代や有力国人が力をのばし，領国支配の実権はしだいに彼らに移っていった。また近畿地方やその周辺の国人たちの中には，争乱から地域の秩序を守るために，**国一揆**を結成するものもあった。1485(文明17)年，南山城地方で両派にわかれて争っていた畠山氏の軍を国外に退去させた**山城の国一揆**は，山城の住民の支持を得て，8年間にわたり一揆の自治的支配を実現した。このように，下のものの力が上のものの勢力をしのいでいく現象がこの時代の特徴であり，これを**下剋上**といった。

▶もっと知りたい人のための参考文献
　鈴木良一『応仁の乱』岩波新書　1973年
　三浦周行『国史上の社会問題』岩波文庫　1990年
　川岡勉『山城国一揆と戦国社会』(歴史文化ライブラリー)吉川弘文館　2012年
　呉座勇一『応仁の乱』中公新書　2016年

▶**山城の国一揆**　応仁の乱の契機となった畠山義就・政長両派の対立は，乱の終結後も続いていた。戦場となっていた山城南部の国人は一揆を結成し，両派の国外退去を求め，のち，宇治平等院で掟を定め，国人を中心に政務がとられた。

17 分国法・家法
戦国大名はどのような法を制定したのか

戦国大名のなかには、領域支配の基本法である**分国法**(**家法**)を制定する者もあった。家臣の私的同盟の禁止や領地の自由売買と分割相続の禁止、長子単独相続の励行のほか、家臣相互の紛争を自分たちの実力による私闘(喧嘩)で解決することを禁止し、すべての紛争を戦国大名の裁判にゆだねさせる規定などもあった。なかには、戦国大名と家臣の契約という形を取り、家臣団の利益を守り、戦国大名の権力濫用を抑制しようとする規定もあった。分国法(家法)から、戦国大名の領域支配について考えてみよう。

口語訳史料

A 一 朝倉の城郭のほかには、領国内に城郭を構えさせてはならない。所領のある者はすべて、一乗谷に移り住み、郷村には代官だけを置くこと。
　　　　　　　　　　　　　　　　　　　　　　　　　　（朝倉孝景条々）

B 一 喧嘩については、どちらが良いか悪いかにかかわらず、罪科とする。ただし、相手から仕掛けられても我慢した者については、処罰しない。
　　　　　　　　　　　　　　　　　　　　　　　　　　（甲州法度之次第）

C 一 駿河・遠江両国の者は、あるいは勝手に他国から嫁をとったり、あるいは婿をとったり、娘を他国へ嫁に遣わすことは、今後は禁止した。
　　　　　　　　　　　　　　　　　　　　　　　　　　（今川仮名目録）

D 一 農民が地頭の年貢や雑税を納入せず、他の領主の所領へ逃げ込んだ場合には、盗人として処罰する。
　　　　　　　　　　　　　　　　　　　　　　　　（塵芥集、口絵参照）

史料を読む

　戦国大名の分国法（家法）のうち，越前の朝倉氏の「朝倉孝景条々（朝倉敏景十七箇条，朝倉英林壁書）」，甲斐の武田氏の「甲州法度之次第（信玄家法）」，駿河の今川氏の「今川仮名目録」，陸奥の伊達氏の「塵芥集」から，代表的な条文を掲載した。史料を読んでみよう。

　Aは，自らの所領に城を構えて地域の支配を行っていた家臣たちに対して，朝倉氏の本拠である一乗谷に住むように命じている。家臣を一乗谷に集住させることにより，朝倉氏に権力を集中させようとしたのである。Bは，喧嘩をした場合，理由にかかわらず両者を処罰するという喧嘩両成敗を規定したもので，私的な争いを禁じている。Cは，家臣が婚姻を通じて，私的な同盟関係を結ぶことを防ごうとしたものである。Dは，農民の逃散を禁止し，年貢の負担者である農民をきびしく統制しようとしたものである。

史料にまつわる，あれこれ

■ 分国法とは何か

　戦国大名は，自己の支配領域を「分国」と呼ぶことがあり，戦国大名が支配領域を統治することを目的に制定した法令を，分国法，家法，戦国家法などと言う。図に示した通り，11種ほどの分国法の存在が確認されているが，その性格は家臣団統制を主眼とする規定や，農民支配を目的とする規定など，様々である。

　戦国大名は，領域支配を安定させるために，領域内の争いを解決しなければならない。中世においては，自分の力で紛争を解決する自力救済が基本であったが，戦国大名は，自らを公権力と位置づけて，裁判によって紛争の解決をはかろうとした。公正な裁判を行うためには，その基準としての法令が必要であり，御成敗式目以来の武家法の伝統や慣習法も受け継ぎながら，分国法を制定したのである。

　下総国の結城政勝が1556（弘治2）年に制定した結城氏新法度には，前文が

あり，制定の趣旨が次のように記されている。当主にとって重大事が5年間にわたって続き，1日として心の安まることがなかった。家臣たちは裁判の判決に不満な時には「道理に合う」「道理に合わない」などと陰口をたたき，親類・縁者の訴訟になると，「鷺(さぎ)を烏(からす)に言う」(白を黒と言いくるめる)ことや，力ずくで無理を通そうとすることがあった。そこで「各心得」のために法度を制定したということである。戦国大名が円滑に分国支配を行うためには，公正な裁判を行うことが重要であり，そのために，成文法が制定されたことがわかる。

■ **喧嘩両成敗とはどういうことか**

喧嘩両成敗は，現代の日本でも説得力があるが，このような法観念は，海外にはあまり例がないようである。喧嘩両成敗が最初に規定されたのは，1526(大永6)年に制定された「今川仮名目録」で，その後，「甲州法度之次第」，「長宗我部氏掟書」にも受け継がれた。自力で紛争を解決する中世社会で，「折中(せっちゅう)の法」という考え方があり，争いがあった場合，両者の損害を同じくし，失われた秩序を回復しようとした。喧嘩両成敗もこのような考え方に基づいており，中世の伝統に由来する法だったのである。

戦国大名は，紛争を自力救済ではなく，公権力による裁判で解決することを目指しており，そのために，喧嘩両成敗を採用したと考えられがちであるが，喧嘩両成敗の規定だけなら，有無を言わさず両者を成敗して終わってしまう。公権力による解決のために重要なのは，**B**の史料の後半部である。相手から仕掛けられても我慢した者については，処罰しないとあるが，この場合，争いを仕掛けた者と，仕掛けられても我慢した者が存在する。このことを裁判で認定し，一方を処罰して他方を処罰しないという判決を下すことになる。このようにして，公権力による紛争解決をねらったのではないかと考えられる。

> **教科書にはどう書かれているのか** (『詳説日本史』149〜150頁)
>
> 戦国大名は，家臣団統制や領国支配のための政策をつぎつぎと打ち出した。中には領国支配の基本法である**分国法**(家法)を制定するものもあったが，これらの法典には，幕府法・守護法を継承した法とともに，国人一揆の規約を吸収した法などがみられ，中世法の集大成的な性格をもっていた。また，**喧嘩両成敗法**など，戦国大名の新しい権力としての性

格を示す法も多くみられた。

▶もっと知りたい人のための参考文献

清水克行『喧嘩両成敗の誕生』講談社選書メチエ　2006年
黒田基樹『戦国大名　政策・統治・戦争』平凡社新書　2014年
桜井英治・清水克行『戦国法の読み方―伊達稙宗と塵芥集の世界―』高志書院選書　2014年
鍛代敏雄『戦国大名の正体』中公新書　2015年

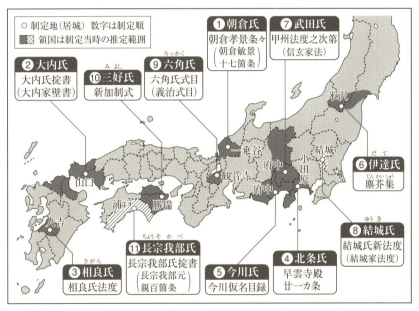

▲分国法

主な史料所蔵機関（50音順）

京都大学附属図書館　京都府京都市左京区吉田本町
1899（明治32）年に設立され，京都大学にある約50の図書館・図書室の中心をなしている。90万冊にのぼる蔵書のほか，国宝『今昔物語集（鈴鹿本）』などの貴重なコレクションを所蔵している。

国立歴史民俗博物館　千葉県佐倉市城内町117
大学の共同利用機関として歴史・考古・民俗に関連する資料を広く収集している。国宝の額田寺伽藍並条里図をはじめとする国宝・重要文化財などを含む約23万点を所蔵し，研究や展示を行っている。

尊経閣文庫　東京都目黒区駒場4-3-55
加賀前田家の収集した古典籍・古記録・古文書等を研究者の閲覧に供している。古典籍・古文書を中心に美術工芸品等，『日本書紀』の最古の写本など国宝22件，重要文化財76件を所蔵している。

東京大学史料編纂所　東京都文京区本郷7-3-1
明治政府直轄の修史事業が帝国大学に移管され，戦後，東京大学の附置研究所となり現在に至っている。国宝の島津家文書や16件の重要文化財をはじめとする貴重な史料や，100年以上にわたって全国を採訪して作成した複製史料などを多数所蔵している。

陽明文庫　京都府京都市右京区宇多野上ノ谷町1-2
五摂家の筆頭である近衛家伝来の古文書，典籍，記録や近衛文麿首相の関係資料などを所蔵している。世界記録遺産に登録されている藤原道長自筆の『御堂関白記』をはじめ8件が国宝，22件が重要文化財に指定されている。

冷泉家時雨亭文庫　京都府京都市上京区今出川通烏丸東入玄武町599
藤原俊成，定家以来和歌を家学とし，「和歌の家」の伝統を伝える冷泉家の史料を所蔵している。藤原定家自筆の『明月記』をはじめ5件が国宝，47件が重要文化財に指定されている。冷泉家住宅は，公家屋敷として現存する唯一の遺構で，重要文化財に指定されている。

第3部
近世

姫路城　姫路市提供

18 楽市令
織田信長の楽市令はどのような都市政策か

戦国時代，他の戦国大名には困難であった全国統一事業をいち早く進めたのが，尾張の織田信長であった。その統一過程で信長が実施した都市政策の1つに，城下町において商工業者の自由な営業活動を認める楽市令がある。これは信長だけの政策なのか。また，なぜ信長は楽市令を発したのだろうか。

口語訳史料

安土城下の町中に定める
(1) 一，この場所が楽市に指定された以上は，いろいろな座の特権や座役・その他の雑税などはすべて免除する。
(3) 一，土木工事の負担は免除する。
(8) 一，信長の領国内で徳政を実施しても，この地ではそれを免除する。

（近江八幡市共有文書）

史料を読む

織田信長は，1576（天正4）年から近江国安土に新しい居城となる安土城の建設を始めたが，この楽市令はその翌年に城下町の繁栄を期待して出されている。全13条のうち，(1)・(3)・(8)の3つの条文を示したが，ここでは，城下町の住民の特権としてあらゆる負担を免除することが述べられている。とくに，(8)の条文にある「徳政」とは負債の破棄を意味するが，信長の領国で徳政が行われても，安土の城下町の町人が持つ債権は破棄されないことを定めている。ここから，信長はことのほか安土の

> 商工業者を優遇していたことが読み取れるであろう。

史料にまつわる，あれこれ

■ 座とはどのようなものか

　鎌倉時代後期から室町時代にかけて，京都や近畿周辺では手工業などの諸産業や商業が発達し，それとともに特権商人による座が形成された。座は特定の商品を独占的に営業・販売する特権を持つ同業者組織で，その特権は本所と呼ばれた天皇家や有力な公家，大寺社などによって保護され，その一方で座役という納付金などを本所に納める仕組みで成り立っていた。

　座は仕入れ先から商品を独占し，販売先にも独占的に販売を行う権利を持っていたため，座に加わっていない商人らの自由な営業活動は困難であった。こうした閉鎖的な座の存在は，のちに本所や幕府権力が衰退し，戦国大名が分国を支配する新しい時代を迎えると，城下町の市場商品取引の拡大や活性化の妨げとなってしまっていた。

■ 楽市令は信長だけの政策なのか

　応仁の乱以降，日本の各地で地域権力となる戦国大名が登場すると，彼らは自分が支配する領国(分国)の城下町を繁栄させるために特色ある町づくりを実施した。大名のなかには，領国支配に際して分国法(家法)を制定することもあった。たとえば，越前国朝倉氏が制定した「朝倉孝景条々」と呼ばれる分国法があるが，ここには家臣団の城下町集住を定めた条文がある。これも，戦国大名が実施した都市政策の1つと言えるだろう。

　楽市令の先駆的なものには，近江の六角氏が1549(天文18)年に石寺新市に発布したものがある。このほかにも今川氏，徳川氏など他の戦国大名や信長の家臣らが各々の城下町経営などのために楽市令を出している。すなわち，楽市令は信長独自の政策とは言えないのである。また，楽市令自体が地域住民の求めに応じて出されたものであり，地域の経済発展に重点が置かれていたということも指摘されている。

■楽市令とはどのような内容か

　群雄割拠の時代，信長は経済政策や都市政策を積極的に実施しながら全国統一を進めていった。1575(天正3)年に足軽鉄砲隊を駆使した強大な軍事力で武田勝頼を長篠の合戦で破り，翌年には近江国安土に壮大な安土城の築城を開始した。そして，物資の流通を円滑にするため，その障害であった領国内の関所撤廃や道路整備を実施するなど，流通・都市政策を実行した。

　この経過のなかで出された楽市令の(1)の条文にある「楽」という文字は，自由という意味で使われている。すなわち，安土の城下町は楽市であるから，商人たちがどこからでもやってきて自由に商売することを許可したのである。ちなみに信長の場合，安土城の建設以前には岐阜城を居城としていたため，その城下町である加納にも楽市令を発布していたことにも留意する必要がある。しかもこれは，信長が岐阜に入る以前から「楽市場」であった現地に対し，地域の要望を受け，それを保護するために，改めて発令したものらしい。

　それから，(3)の条文には「負担は免除する」とあるが，これは普請役という土木工事に駆り出されることを免除するという意味である。また，(8)の徳政免除の条文は，信長の領国内で債務関係を破棄すること(徳政)があったとしても，安土の町中だけは除くとしたものである。これらによって，各地から安土に集まってきた商人たちの自由な営業活動を妨げないように配慮したものと考えられる。つまり，商人たちに土木作業を負担させること，また負債を破棄する徳政令を出すことは，安土に集まってきた商人たちの商売にさし障るものと考えられたのである。

　なお，全国統一事業は，信長が本能寺の変で憤死したあと，豊臣秀吉に引き継がれて行くが，秀吉が実施した政策と信長の政策とを比較してみると面白いだろう。信長が実施した諸政策は，他の戦国大名と共通する部分も多いが，次の秀吉の政策との連続性や関連性，または非連続性についても考えてみたいものである。

教科書にはどう書かれているのか
(『詳説日本史』159〜160頁)

　信長は，家臣団の城下町への集住を徹底させるなどして，機動的で強大な軍事力をつくり上げ，すぐれた軍事的手腕でつぎつぎと戦国大名を倒しただけでなく，伝統的な政治や宗教の秩序・権威を克服することにも積極的であった。また経済面では，戦国大名がおこなっていた指出検地や関所の撤廃を征服地に広く実施したほか，自治的都市として繁栄を

誇った堺を武力で屈伏させて直轄領とするなどして，畿内の高い経済力を自分のものとし，また安土城下町に**楽市令**を出して，商工業者に自由な営業活動を認めるなど，都市や商工業を重視する政策を強く打ち出していった。

このようにして信長は京都をおさえ，近畿・東海・北陸地方を支配下に入れて，統一事業を完成しつつあったが，独裁的な政治手法はさまざまな不満も生み，1582(天正10)年，毛利氏征討の途中，滞在した京都の本能寺で，配下の明智光秀に背かれて敗死した(**本能寺の変**)。

▶もっと知りたい人のための参考文献
池上裕子『織田信長』(人物叢書新装版)吉川弘文館　2012年
日本史史料研究会編『信長研究の最前線』洋泉社歴史新書　2014年

▲**楽市楽座令**　1568(永禄11)年，信長が入京直前に美濃加納市場に出したもの。駒形(こまがた)の木札の形をとる。楽市の初見は，1549(天文18)年，近江の守護六角定頼(ろっかくさだより)が石寺新市に出したものである。(岐阜市，円徳寺所蔵)

19 太閤検地
秀吉の検地はどのように行われたのか

　織田信長の全国統一事業を継承した豊臣秀吉は、1590(天正18)年にそれを実現させた。秀吉はその過程において、征服地に次々と検地を進めた。これを太閤検地と言う。この名称は秀吉が関白の地位を甥の秀次に譲り、前関白を表す「太閤」と称せられたことによる。このように特別に扱われる秀吉の検地は、戦国大名が実施した検地などと比べ、どのような特色があると言えるのだろうか。

口語訳史料

一　検地の実施について、命令された趣旨を地方の国人や百姓たちが納得するように、丁寧に説明せよ。もし納得しない者がいたならば、その者が城主であれば城へ追い込み、検地担当の武将たちが相談の上、一人も残さず斬りすてるよう命令せよ。また、百姓以下の者まで納得しないならば、一村でも二村でもすべて皆殺しにせよ。
　これは日本全国六十余州にきびしく命令しているので、出羽・奥州も粗略にしてはならず、間違いなく実施せよ。たとえ、その土地を耕す者がいなくなろうと構わないので、そのつもりで徹底的に検地せよ。山の奥地、海は櫓や櫂の続く限りどこへでも行けるところまで行き、念を入れて実施することが大切である。
　　天正18(1590)年8月12日
　　　　　　　　　　　　（秀吉朱印）
浅野弾正少弼(長政)殿へ

（浅野家文書）

史料を読む

　太閤検地は，秀吉が山崎の戦いで明智光秀を破った1582(天正10)年から開始されている。山城国において自己申告制による指出検地から始まった征服地への検地は，その後，豊臣政権としての検地体制が整備され，実施国数もしだいに増加して行った。賤ヶ岳の戦い，小牧長久手の戦い，四国平定，九州平定，関東・奥州平定と全国平定を進めて行くのと並行して，太閤検地は各地で実施された。

　この史料は，全国統一を成し遂げた1590(天正18)年に秀吉の検地奉行を務めていた浅野長政(のちの五奉行の一人)に対し，その進め方を指示した書状の一部で，小田原平定直後に実施された奥州総検地に際してのものである。史料を読んでみよう。天下人となった秀吉は，この冒頭で検地を実施する趣旨を国人と呼ばれた地侍のような人々や百姓に対して十分に説明した上，納得しない者がいようとも強硬な姿勢で検地を進めることを命令している。抵抗しようとする者に対しては，「皆殺し」するようにとの言葉までみられ，太閤検地の徹底ぶりをうかがうことができるであろう。そして，なぜこのような強硬な命令が出されたのかと言えば，この地方では領主と支配地との間に強い結びつきがあり，それを解体するためだと考えられている。

史料にまつわる，あれこれ

■戦国大名はどのように土地を掌握したか

　検地とは，領主が治めている地域の土地状況を掌握するために行われる事業である。それは古くから実施されており，「校田」や「検注」と呼ばれた時代もあった。

　戦国時代になると，大名たちは自分の領国内でその土地の生産力や百姓の状態を掌握するために検地を実施するようになった。その方法は，家臣となった地域の在地領主などにその支配地の面積や収入額を記した台帳やその写しを自己申告させるもので，これを指出という。このような検地の方法は，

信長の検地にもみられるが，それは戦国大名の典型的なものであったと言える。そしてこの方法を改め，より強硬に検地を実施したのが秀吉による太閤検地であった。

■ **太閤検地はどのように徹底されたか**

　太閤検地では，検地条目と呼ばれる基準が定められた。これは検地の基本方針や実施細目を定めたものである。検地条目では，長さ6尺3寸(約191cm)四方の面積を1歩，30歩を1畝，10畝を1段とし，10段は1町とされた。そして容積は，約1.8リットルを1升とし，10升＝1斗，10斗＝1石と定められた。また，田畑は上・中・下・下々などの等級にわけられ，1段あたりの標準生産高(上田は1石5斗など)である石盛を面積に乗じると収穫高が算定される仕組みとなった。これによって村単位で全体の石高を決定し，その3分の2を年貢として納入するのが一般的であった。

　このように太閤検地では，田畑の生産力や屋敷地までを含めた土地の価値を米の量(石高)に換算する石高制を採用したことに特徴がある。さらに一地一作人の原則により，田畑は一区画ごとに1人の耕作者が定められ，これまでの一区画の土地に対して複数の権利関係が入り組んでいた状態が解消された。そして，百姓たちは土地の面積・石高とともに検地帳に記載され土地所有の権利が法的に認められた一方，石高に応じて年貢負担の義務が課せられたのであった。

　ただし，この説明のなかには，留意しておかねばならないこともある。それは，この基準で検地が実施されたのは，秀吉の直轄地や秀吉子飼いの大名領国，また秀吉に恭順した有力大名の島津氏などであり，地域の実情や従来からの慣例によって行われた大名領国もあったということである。こうした点に注目すれば，豊臣政権下の検地でも全国一律であったとは言えない面もある。

■ **御前帳と国絵図が作成された理由は**

　1591(天正19)年，秀吉は天皇に納めるためと称し，全国の大名に対してその領国の御前帳(検地帳)と国絵図の提出を命じた。なぜ秀吉がこのようなことを考えたのかと言うと，これによりすべての大名の石高を正式に決定し，支配する領国の石高に見合った軍役や諸役を課すためであった。というのも，この年は秀吉が以前から考えてきた朝鮮出兵(文禄の役)の前年にあたる。こ

れとの関連を推測すれば，出陣に際して，諸大名に課す軍役をあいまいにせず厳密に割り当てようとした意図が考えられるだろう。

| 教科書にはどう書かれているのか | （『詳説日本史』162～163頁） |

太閤検地は，荘園制のもとで一つの土地に何人もの権利が重なりあっていた状態を整理し，検地帳には実際に耕作している農民の田畑と屋敷地を登録した（一地一作人）。この結果，農民は自分の田畑の所有権を法的に認められることになったが，それと同時に，自分の持ち分の石高に応じた年貢などの負担を義務づけられることにもなった。

▶もっと知りたい人のための参考文献

神崎彰利『検地』教育社歴史新書　1983年
池上裕子『日本の歴史15　織豊政権と江戸幕府』講談社　2002年
日本史史料研究会編『秀吉研究の最前線』洋泉社歴史新書　2015年

▲検地の実施（『検地絵図』）　検地は方位をはかったのち，細見竹（●）4本を四隅に立て，その中央に梵天竹（△）4本を立ててそこから水縄を縦横に張り，中央を直角に交差させて行った。（長野県，松本市立博物館蔵）

20 刀狩令
秀吉が民衆から刀を取り上げたのはなぜか

豊臣秀吉が実施した政策のなかで、代表的なものの1つに刀狩がある。史料を読むと、百姓たちから刀を取り集める目的として、大仏を建立するために使用する釘（くぎ）などに再利用するためだという内容が記されている。果たしてこの目的は本当なのだろうか。

口語訳史料

(1) 一　諸国の百姓が、刀・脇指（わきざし）・弓・槍（やり）・鉄砲そのほかの武具の類（たぐい）を持つことを固く禁止する。その理由は、農耕に必要のない武具を持ち、年貢などを出ししぶって一揆（いっき）を企て、領主に対して反発や抵抗をするからである。当然、そのような者は処罰される。しかし、そうなると、田畑を耕作する者がいなくなり、領地は荒廃してしまう。そこで大名・領主・代官らは、百姓が持っている武具を集めて差し出せ。

(2) 一　百姓たちからこのように集めた刀・脇指は、決して無駄（むだ）にするのではない。今度、大仏を建立するために使用する釘や鎹（かすがい）につくり直すのである。そうすれば、現世だけでなく、来世までも百姓はたすかるのだ。

(3) 一　百姓は農具だけ持ち、耕作に専念すれば子々孫々まで長く安泰でいられる。百姓のことを大切に思ってこのように言っているのだ。誠に国土の安全、すべての人々の安楽な暮らしの基になる。
　　以上の通り、これらの武具は必ず取り集め、秀吉のもとへ進上せよ。
　　　天正16(1588)年7月8日
　　　　　　（秀吉朱印）

（小早川（こばやかわ）家文書、口絵参照）

史料を読む

　刀狩令は全3カ条からなる。この史料は小早川家文書に収録されたもので，朱印状という形で秀吉から配下の大名である小早川氏に伝達されたものである。史料を読んでみよう。
　(1)はこの主文とされるもので，刀狩を実施する目的として，百姓が一揆を起こせば処罰の対象となり，そうなれば農地を耕作する者がいなくなり，田畑は荒れ果ててしまうと述べている。一揆を防ぎ，百姓から確実に年貢を徴収しようとする支配者の本音が聞こえてくる内容で，刀狩の必要性を秀吉が大名たちに示し，その実行を命じているのである。
　一方，(2)では，百姓たちが領主に対して刀・脇差を提出することを納得するような理由を示している。大仏とは京都方広寺の大仏のことで，この大仏をつくるための金具が百姓から集めた刀・脇差によってできていることになれば，大仏との結縁によって百姓は現世だけでなく来世まで救済されるというのである。
　さらに(3)では，百姓の仕事として農具を持って耕作に専念することが述べられている。それにより，子々孫々までの幸福が得られるというのである。秀吉は，このような内容を大名らに示し，全国規模での刀狩を進めていったのであった。

史料にまつわる，あれこれ

■一揆はいつ始まったか

　日本が始まって以来初めてとされる大規模な一揆は，1428(正長元)年，近江国坂本で始まった。馬の背に荷物を積んで運ぶ運送業者である馬借たちが，徳政(負債破棄)を求めて一揆を企てたのである。この徳政一揆は，その後，畿内周辺にまで拡大し，中央政界に大きな衝撃を与えた。そしてこれ以降，一揆は各地で発生するようになっていった。一向宗(浄土真宗)門徒による一向一揆，山城の国一揆に代表される百姓と国人領主が結びついた惣国一揆など，様々な形態で百姓が一致団結し，領主権力に対抗する姿勢をみせ

たのである。

■秀吉は信長が苦しんだ一揆をどうみていたか

　秀吉の主君織田信長が全国統一事業のなかでもっとも苦慮したといわれるのは，一向一揆との戦いであった。石山本願寺を頂点にした各地の門徒は，信長の支配に徹底抗戦した。1570（元亀元）年に顕如の呼びかけで始まったこの戦いは石山戦争とも呼ばれ，信長が制圧するまでには11年もかかった。

　こうした現状をみた秀吉が，一揆に対する処置が今後の全国統一に向けて重要な課題だと考えたことは間違いない。そこで，百姓による一揆の未然防止策として刀狩を実行したのである。

　秀吉の刀狩令は，1585（天正13）年に紀伊国で起こった根来・雑賀一揆を制圧する際に原型ができたという。そして，1587（天正15）年には，肥後国で太閤検地実施に反対した国人・百姓たちが大規模な一揆を起こしたことに対し，翌年にはこれを鎮めるために刀狩令を出し，一揆勢の掃蕩を厳命している。

■刀狩で鉄砲は没収されたのか

　全国規模で徹底的に実施しようとした刀狩であるが，史料の残存状況から全体像を把握することは難しい。しかし，山城・大和・加賀・能登・若狭・出雲・信濃・肥前・筑後・薩摩・出羽などの諸国で実施された刀狩の具体例があり，そこには興味深いデータもある。

　加賀国大聖寺城主の溝口氏は，江沼・能美2郡あわせて4万4000石の所領を有する大名であったが，ここからは合計4000近い武具が集められ，中央に送られている。その内訳をみると，集められた武具は刀・脇指・鑓身・こうがい・小刀で占められ，鉄砲はみられない。ここにはどのような事情があるのだろうか。

　これまでの研究成果によれば，村まかせで実施された刀狩で，鉄砲が没収されたかどうかはわからないとされる。そして，害獣駆除を目的とする百姓の鉄砲所持・使用は免許されていた事実も明らかにされている。

　一方，刀・脇差を帯刀することは，武士の身分を表象する証しでもあった。そのため，百姓から没収された武具の多くが刀・脇差であったということは，刀狩のねらいが百姓の帯刀を禁じ，身分を固定することにあったという見方も成り立つのである。

教科書にはどう書かれているのか

（『詳説日本史』163頁）

　刀狩は，農民から武器を没収して農民の身分を明確にする目的でおこなわれた。荘園制下の農民は刀などの武器をもつものが多く，土一揆や一向一揆などでは，これらの武器が威力を発揮した。そこで秀吉は一揆を防止し，農民を農業に専念させるため，1588（天正16）年**刀狩令**を出し，農民の武器を没収した。

▶もっと知りたい人のための参考文献

　池上裕子『日本の歴史15　織豊政権と江戸幕府』講談社　2002年
　藤木久志『刀狩り』岩波新書　2005年
　山本博文『天下人の一級史料』柏書房　2009年
　武井弘一『鉄砲を手放さなかった百姓たち』朝日選書　2010年

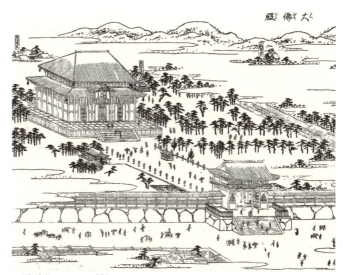

▲**方広寺大仏殿**（『都名所図会』）　1588（天正16）年に出された刀狩令は，方広寺の大仏造立を口実に武器を没収した法令である。（国立国会図書館）

21 バテレン追放令

なぜ秀吉はキリスト教宣教師を国外に追放しようとしたのか

　豊臣秀吉は，自らが権力を掌握する過程で，しばらくはキリスト教の布教を認めてきた。ところが，1587（天正15）年に九州の大名島津氏を制圧したのち，その帰路の博多で，突如，バテレン追放令と呼ばれる宣教師の国外退去命令を発した。秀吉がキリスト教に対し，こうした方針を掲げた理由はなぜか。そして，布教に力を注いでいたポルトガルやイスパニアとの関係は，その後どのようになっていったのだろうか。

口語訳史料

(1)一　日本は神国なのにキリスト教国からそのよこしまな教えを伝えることは，決してあってはならないことである。

(2)一　自分の領地の者をキリスト教に近づけて信者にし，神社仏閣を壊しているということであるが，それは前代未聞のことだ。

(3)一　宣教師はその教義やいろいろな知識をもって人々の考えを教化し，その教えを受けた者たちは自分の意志で信者になっていると（秀吉は）思っていたのに，それに反して（強制的に信者を増やし），右（第2条）のように日本の仏教を破壊していることはけしからんことで，これでは宣教師たちを日本国内に置いておくことはできない。従って，本日より20日以内に準備して帰国させよ。

(4)一　南蛮船の来航は商売が目的なので，キリスト教の問題とは別の扱いとする。これからも諸々の取引は今まで通り続けさせよ。

　　天正15(1587)年6月19日

（松浦文書）

史料を読む

　バテレン追放令とは，秀吉が1587(天正15)年6月19日付で発した全5条のキリスト教宣教師に対する国外退去命令のことで，ここではそのうちの4カ条を示した。バテレンとはキリスト教宣教師のことで，ポルトガル語のパードレからきている。史料を読んでみよう。
　(1)では，日本は独自の神が存在する神国であるとしている。そこでキリスト教国が，日本からみれば「邪法(じゃほう)」とされるキリスト教を布教することは，決してあってはならないことだと宣言する。そして(2)と(3)では，現実的な問題として，宣教師の布教活動を受け，キリシタンとなった者によって神社仏閣が破壊されていることは前代未聞のことで，宣教師をこのまま滞在させて置くことはできないため，20日以内の帰国を命じている。なぜなら，秀吉は，全国が秀吉によって支配されて行くなかで，一時的に領地を与えられている大名が領内の神社仏閣を破壊すれば，次にその土地の領主となる者に影響がおよぶ迷惑なことだとみていたからである。しかし(4)では，南蛮船が来航して貿易を行うことは，従来通りに認められていることにも注目したい。

史料にまつわる，あれこれ

■日本へのキリスト教布教はどのようになされたか

　日本とキリスト教との関係は，1549(天文(てんぶん)18)年にスペイン人のイエズス会宣教師フランシスコ＝ザビエルが鹿児島に来航したことから始まった。イエズス会は，カトリック教会の男性修道会で，1534年にイグナティウス＝デ＝ロヨラが中心となって結成された。当時，ヨーロッパでは宗教改革の時期にあたり，プロテスタントに対抗して，カトリック教会側でも積極的に東洋方面への布教活動を進めていた。以後，宣教師たちは次々と来日し，西日本を中心にキリスト教を布教した。

■ 秀吉はキリシタンをどうみていたか

　この時期，九州から近畿地方の大名のなかには，洗礼を受けてキリシタン大名と呼ばれる者も多く出てきた。なかでも豊後の大友義鎮・肥前有馬の有馬晴信・肥前大村の大村純忠は，イエズス会宣教師ヴァリニャーニの発案で，1582（天正10）年に天正遣欧使節と呼ばれる少年使節をローマ教皇のもとに派遣したことで知られている。

　そして，秀吉にとって驚きであったのが，大村純忠が長崎をイエズス会に寄進していたことである。このことは，秀吉がバテレン追放令を発した大きな理由の1つとされている。秀吉は，キリスト教国がその布教により日本の植民地化を進めているという危機感を募らせ，国家的利害にかかわるものと考えたのである。

■ もう1つのバテレン追放令には何が書かれているか

　バテレン追放令に関しては，この史料と同じような内容を含む6月18日付の「覚」と記された全11カ条からなる古文書がある。これは，伊勢神宮旧蔵の古記録や図書をまとめた神宮文庫の「御朱印師職古格」に収載されている。この古文書のなかで，キリスト教への入信は本人の意思によるものとすること（第1条），大名や上級の武士は秀吉による許可制であること（第4条），下級武士の入信については，外国から伝わった仏教の例があるように，知行を得ている武士本人に限り改宗の自由を認めること（第5条）などが記されている。意外だが，このような形でキリスト教の信仰は許されていたのである。

■ 禁教政策はどう変化したか

　さて史料の(4)では，「南蛮船の来航は商売が目的なので，別の扱いとする」とあり，貿易船の来航はこれまで通り許可されていたことがわかる。そして，秀吉は翌年にイエズス会領となっていた長崎を直轄地とし，貿易の利益独占をはかった。長崎には10人の宣教師が滞在を許可されていたので，キリスト教を禁止することは徹底されなかったのである。

　しかし，1596（慶長元）年のスペイン船サン＝フェリペ号事件は，秀吉の禁教政策を大きく変化させるものになった。高知沖で漂流し，浦戸に漂着したサン＝フェリペ号の乗組員に対して尋問にあたった増田長盛が，スペイン船の乗組員はキリスト教を布教し，その後，スペインは軍隊によってその国を征服している，という話を秀吉に伝えたからである。

この後，秀吉は，フランシスコ会宣教師や信徒など26名を捕え，長崎の浦上で磔刑にする凄惨な迫害におよんだ。この事件は，26聖人の殉教と呼ばれている。そして，天下人によるキリスト教への対応は，寛容であった信長時代から秀吉時代を経て，徐々に強められていった。

教科書にはどう書かれているのか
（『詳説日本史』164頁）

　秀吉は，初めキリスト教の布教を認めていたが，1587（天正15）年，九州平定におもむき，キリシタン大名の大村純忠が長崎をイエズス会の教会に寄付していることを知って，まず大名らのキリスト教入信を許可制にし，その直後バテレン（宣教師）**追放令**を出して宣教師の国外追放を命じた。だが秀吉は一方で，1588（天正16）年に**海賊取締令**を出して倭寇などの海賊行為を禁止し，海上支配を強化するとともに，京都・堺・長崎・博多の豪商らに南方との貿易を奨励したので，貿易活動と一体化して布教がおこなわれていたキリスト教の取締りは不徹底に終わった。

▶もっと知りたい人のための参考文献
　安野眞幸『バテレン追放令』日本エディタースクール出版部　1989年

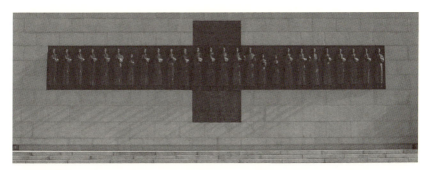

▲26聖人殉教　サン＝フェリペ号事件に端を発し，宣教師・信者26人が長崎郊外で処刑された殉教地の記念館前に碑が立つ。（長崎県観光連盟提供）

22 武家諸法度
幕府は大名をどのように統制したのか

1615（元和元）年，大坂の役後，徳川氏は諸大名を伏見城に集め，2代将軍秀忠の名で武家諸法度を発布した。武家諸法度は，江戸幕府が諸大名を統制する基本法で，将軍の代替わりごとに発布されている。幕府は，この法度によって大名をどのように統制しようとしたのであろうか。

口語訳史料

【元和令】
(1)― 文武弓馬の修業にひたすら励みなさい。
(6)― 諸国の居城は，たとえ修理する場合であっても必ず幕府に届出しなさい。ましてや，新たに築城することは厳禁である。

【寛永令】
(2)― 大小の大名が国元と江戸とを参勤交代するよう定めるものである。毎年夏の四月中に江戸に参勤しなさい。従者の人数が最近たいへん多くなっている。これは大名の領国支配の上で無駄となるもので，また領民の負担も増えることになる。そこでこれ以後は，身分に応じて従者の人数を減らしなさい。
(17)― 五百石積み以上の船を建造することは禁止する。

【天和令】
(1)― 学問・武芸・忠孝に励み，礼儀を正しくしなさい。
(12)― 養子は一族のなかから相応の者を選び，もしふさわしい者が不在であれば，候補となる者の由緒をよく調べ，存命中に報告しなさい。50歳以上，17歳以下の年齢の大名が臨終に際して養子を決める場合

においても，他の一族がよく当人の資質を調べた上で養子を立てるようにしなさい。たとえ，実子であっても筋の通らない者は跡継ぎに立ててはならない。
　　附則　殉死はいっそうきびしく禁止する。
　　　　　　　　　　　　　　　　　　（『御触書寛保集成』，口絵参照）

史料を読む

　ここに示した史料は，いずれも武家諸法度と呼ばれるもので，法度とは現代の法律に該当する言葉である。関ヶ原の戦いを経て大坂の役が終わり，豊臣氏が滅亡すると，徳川氏の政権が確立した。そこで徳川氏は，諸大名に対しきびしい統制を行う目的で武家諸法度を発したのである。

　史料は便宜的に元和令・寛永令・天和令とわけているが，武家諸法度には制定の時期により内容の一部に違いがみられる。それは，それぞれの法度には定められる時の政治や社会情勢などが反映し，必要に応じて改変されているからである。

　最初の武家諸法度（元和令）は，1615（元和元）年に2代将軍徳川秀忠の名で発せられた。条文は全13条だが，ここではそのなかから(1)と(6)の2つの条文をあげている。

　それでは，史料を読んでみよう。(1)では，まず大名にとって重要なこととして，文武と弓馬の修業に専念することが求められている。徳川氏に服従した大名たちには，文武両道が大切とされ，弓馬の訓練は有事に役立つものと考えられていたからである。

　また，(6)は，諸大名の城修築や新築を規制したものである。城というのは，本来，軍事拠点の役割を持つものであった。だから，それを勝手に修復したり，新築したりすることは，大名が軍事的な意図を持っていると考えられ，それを未然に防ごうという発想から出されたものということができるだろう。

　次にあげた寛永令は全19条からなり，徳川家光が3代将軍となって3年後の1635（寛永12）年に制定された。ここでは(2)の大名に対して参勤交代を義務づけていることと，(17)のこの時期に進められたいわゆる鎖国政

策に連動して，大名に対して500石（約75トン）積み以上の大船の建造が禁じられていることの2カ条をあげた。

そして，3つ目の天和令では，(1)でこれまでの「弓馬の道」が「文武忠孝」と改まったことに注目しよう。これは，当時の幕府政治の基調が武断主義にかわって文治主義へと転換し，忠孝や礼儀などの儒教的道徳が重んじられ，このような文言に変更されたのであった。

史料にまつわる，あれこれ

■武家諸法度に違反するとどうなるか

武家諸法度に違反した場合，大名は幕府からきびしい処罰を受けた。もっともきびしいものは，改易と呼ばれ，これは領地の没収を意味する。これについで，領地が減らされる減封や領地をかえられる転封があった。とくに改易は，5代将軍綱吉の時代までに253家にものぼった。

改易のおもな理由では，初期には，軍事的な理由からの改易が多く，大坂の役以降になると，末期養子の禁止に抵触する例などが多くなった。これまで家康のもとで長く功績をあげていた広島城主の福島正則は，城を無断で修築したという理由で安芸・備後の2カ国を没収されている。福島正則は秀吉に可愛がられていた大名で，徳川氏にとっては外様大名であったが，この処置は徳川氏が外様大名に対しても武家諸法度を厳守させ，それに違反した際にはきびしく処罰することが可能な世になったことを示すものであった。

■参勤交代の目的は何か

元和令と比較し寛永令で注目されることは，参勤交代の規定である。これによって大名は，妻子を江戸に住まわせ，原則として1年おきに江戸と国元を交互に行き来して生活することになった。そのため，江戸には複数の藩邸があり，多くの家臣を常勤させ，財政面では大きな負担となった。こうした点から，参勤交代制度は大名の経済力削減を目的としているとみることもできる。

しかし，寛永令の(2)では，幕府が従者の員数の削減や参勤交代の規模縮小を指示しているので矛盾しているとも言える。このような条文が示されてい

るにもかかわらず，派手で豪華な大名行列による参勤交代が行われたのは，大名家の見栄のためという指摘もある。

教科書にはどう書かれているのか
（『詳説日本史』171〜172頁）

　幕府は大坂の役直後の1615（元和元）年に，大名の居城を一つに限り（**一国一城令**），さらに**武家諸法度**を制定して大名をきびしく統制した。（中略）1619（元和5）年，福島正則を武家諸法度違反で改易するなど，法度を遵守させるとともに，長く功績のあった外様大名をも処分できる将軍の力量を示した。秀忠は1623（元和9）年には，将軍職を**徳川家光**にゆずり，大御所として幕府権力の基礎固めをおこなった。……

　徳川家光は1635（寛永12）年，新たな武家諸法度（**寛永令**）を発布し，諸大名に法度の遵守を厳命した。その中で，大名には国元と江戸とを1年交代で往復する**参勤交代**を義務づけ，大名の妻子は江戸に住むことを強制された。

▶もっと知りたい人のための参考文献
　須田茂『徳川大名改易録』崙書房出版　1998年
　山本博文『参勤交代』講談社現代新書　1998年
　丸山雍成『参勤交代』（日本歴史叢書新装版）吉川弘文館　2007年

		改易（領地没収）された大名数（石高）	減封（領地削減）された大名数（石高）
時期	家康〜家光の時代	198家（約1612万石）	20家（約252万石）
	4代家綱の時代	22家（約67万石）	4家（約18万石）
	5代綱吉の時代	33家（約135万石）	13家（約30万石）
原因	関ヶ原の戦い・大坂の役など軍事的なもの	93家（約507万石）	4家（約221万石）
	末期養子の禁止によるもの	46家（約457万石）	12家（約16万石）
	武家諸法度など法制的なもの	59家（約648万石）	4家（約15万石）

▲**大名の改易**　大名の改易は，5代将軍綱吉の時までに253家にのぼった。初期には軍事的な理由による外様大名の改易が多かったが，大坂の役以降は末期養子の禁止に触れる例などが多かった。

23 禁中並公家諸法度
江戸時代の朝幕関係はどのようなものであったか

絶対的な政治権力を握った江戸幕府は，天皇を中心とした公家社会にも統制を加えていった。禁中並公家諸法度は，幕府が朝廷を統制するために制定した代表的な法令である。これを通じて幕府は朝廷とどのような関係を築いて行こうとしたのだろうか。

口語訳史料

(1)一，天皇が修めなければならない諸芸能の第一は学問である。
(7)一，武家に与える官位は，公家に与える官位とは別枠にする。
(11)一，関白や武家伝奏及び蔵人所などからの指示・命令に対して堂上や地下の公家の者たちが背いたならば，流罪とする。
(16)一，紫衣を許される寺の住職は，これまで非常にまれなことである。ところが最近では，みだりに勅許されている。これでは，僧侶の序列を乱し，さらには官寺の名誉を汚すことにもなるので，はなはだけしからんことである。

（『大日本史料』，口絵参照）

史料を読む

この史料名にある禁中とは内裏のなかのことで，天皇を意味している。1615(元和元)年7月17日に徳川家康・徳川秀忠，前関白二条昭実が連名して，同月30日に公家たちを京都の二条城に集めて発した。幕府は，これ以前にも公家衆御条目や勅許紫衣法度を出しており，禁中並公家諸法度はそれを踏まえ朝廷を統制する基本法として発せられたものであ

る。

　では，史料を読んでみよう。(1)では，天皇が修める芸能のなかでもっとも大切なものは，学問であると言っている。中世以降，天皇を中心とする古代の律令制度が崩れ，天皇の政治的地位は低下していた。だからといって，ここで天皇に対して学問の専念を示しているのは，単に天皇に政治は関係なく学問や和歌などの芸能だけをしていればよいというものではない。ここでいう学問とは，天皇が国を治めるために学ぶべき学問，天皇が心得ておかねばならない規範としての学問を指している。

　(7)は官位に関する規定である。古代の律令制以来，朝廷に属した公家には，その地位や序列を示すために官位が朝廷から与えられ，その位に応じて様々な役職についていた。武家の官位は幕府の推挙によって与えられることになっていたが，これらは公家の官位の定員外とし，別枠で与えられるとしたのである。

　(11)は公家に対する統制である。すなわち，関白や公家と武家との連絡などを任務とする武家伝奏と呼ばれる公家，あるいは蔵人所の公家らが行う政務に公家たちは従うよう命じたもので，これに背けば流罪にするとなっている。ちなみに，この条文に出てくる「堂上」とは昇殿を許された上級貴族で殿上人（てんじょうびと）と呼ばれる公家，「地下（じげ）」というのは昇殿を許されない下級貴族のことである。

　(16)は，紫衣の寺に関する規定である。紫衣とは修行を重ねた高僧だけが着用を許される紫色の僧衣であるが，それが最近ではみだりに許可されているので，そのことで僧侶の修行年数が短期間になることや，官寺と呼ばれる諸大寺の名誉を汚すことになるのは，けしからんことであるとしている。

史料にまつわる，あれこれ

■紫衣事件とは何か

　禁中並公家諸法度の(16)に関連して起こった紫衣事件は，高校の日本史教科書にもほとんど記載されている有名な事件である。そのあらましは，次のようなものである。

1627(寛永4)年に後水尾天皇は，幕府への届け出なく臨済宗の大寺院である大徳寺や妙心寺などの僧侶に紫衣の着用を許可した。これに対し，幕府は禁中並公家諸法度に抵触するとして，その勅許を無効とした。そして，これに抗議した大徳寺僧侶沢庵らが処罰された事件である。これに反発した後水尾天皇は，1629(寛永6)年，幕府の同意を得ずに突然秀忠の孫娘にあたる明正天皇に譲位してしまった。この譲位に関して幕府は追認する形をとったが，その際，幕府は摂家と武家伝奏に厳重な朝廷統制を命じたのであった。この事件は，幕府の法度が天皇の勅許よりも優先することを明示したもので，これ以来，幕府の朝廷統制の基本的な枠組みが固められ，幕末まで維持されたのであった。

■ **尊号一件とは何か**

　幕末まで禁中並公家諸法度は改定されることはなかったが，18世紀の後半にはこのような朝廷と幕府との関係に動揺が走る動きもみられた。それが1789(寛政元)年に起こった尊号一件と呼ばれる事件である。
　光格天皇は父の閑院宮典仁親王に対して天皇の地位にあったことを示す太上天皇の尊号を与えたいと幕府に打診したが，時の老中首座であった松平定信はこれを認めなかった。さらに武家伝奏らの公家が再び尊号宣下を求めたが，武家伝奏は本来幕府側に立つべきであるとして，公家を処罰した。この裏には，徳川将軍家にも11代将軍徳川家斉が，実父一橋治済を大御所としたいという希望もあり，これを拒否するためにも朝廷の要求をきびしくはねのけたといわれている。

教科書にはどう書かれているのか　　　　　　　　　（『詳説日本史』174〜175頁）

　徳川家康は1611(慶長16)年，後水尾天皇を擁立した際，天皇の譲位・即位まで武家の意向に従わせるほどの権力の強さを示した。さらに1613(慶長18)年に公家衆法度を出したのに続いて，1615(元和元)年に**禁中並公家諸法度**を制定し，朝廷運営の基準を明示した。幕府は京都所司代らに朝廷を監視させたほか，摂家がなる関白・三公に朝廷統制の主導権をもたせ，**武家伝奏**を通じて操作した。
　幕府は天皇・朝廷がみずから権力をふるったり，他大名に利用されることのないよう，天皇や公家の生活・行動を規制する体制をとった。また1620(元和6)年には，徳川秀忠の娘和子(東福門院)を後水尾天皇に入

内させたのを機に，朝廷に残されていた権能（官位制度・改元・改暦）も，幕府の承諾を必要とすることにして，幕府による全国支配に役立てた。

▶もっと知りたい人のための参考文献

高埜利彦『日本史リブレット36　江戸幕府と朝廷』山川出版社　2001年
樋口州男他編『再検証　史料が語る新事実　書き換えられる日本史』小径社　2011年

▶後水尾天皇(1596〜1680)　紫衣事件の際には抗議の意志を込めて，明正天皇に譲位を行った。譲位後も朝廷で発言力を持った。修学院離宮を造営。(宮内庁書陵部蔵)

▶朝廷の統制　幕府は，朝廷支配のために京都所司代を置き，禁裏財政の管理は，1643(寛永20)年に設置された禁裏付が行った。朝廷では，所司代と連絡を取る武家伝奏と摂家(関白・三公)，さらには1663(寛文3)年天皇側近の取次役として設置された議奏(のちに幕府より役料を受けた)が公家の統制にあたった。

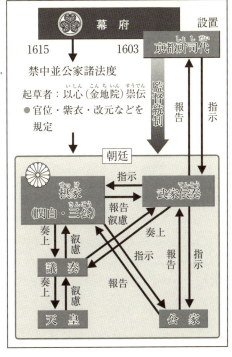

24 鎖国令
江戸幕府の鎖国政策の実態はどのようなものだったのか

　江戸幕府は，幕藩体制が固まるにつれ，これまでの将軍公認の貿易や日本人の海外渡航を制限したほか，外国人の来航を禁じる，いわゆる鎖国政策をとった。では，なぜ幕府はこのような政策をとったのだろうか。また，「鎖国」という言葉は，文字通りに解釈すれば「国を閉鎖する」ということになるが，本当に幕府の外交政策は一貫して鎖国政策と言われるように，完全に国を閉鎖したものと言えるのだろうか。

口語訳史料

【寛永12(1635)年禁令】
(1)一　異国に日本の船を派遣することは堅く禁止する。
(2)一　日本人を異国に派遣してはならない。もし，隠れて渡航する者がいたならば，その者は死罪とする。またその船と船主は留め置いて幕府に報告せよ。
　　　　　　　　　　　　　　　　　　　　　　（『教令類纂』）

【寛永16(1639)年禁令】
(1)一　日本国が禁止しているキリスト教について，その趣旨を知りながらキリスト教を広める者が今でも密かにやってきている。
(2)一　キリシタンの信徒たちが徒党を組んでよからぬことを企てているならば，直ちに処罰する。
(3)一　バテレンとその信徒が隠れているところにポルトガルから仕送りの物が送り与えられている。
　　　今後は，このような理由からポルトガル船の来航は禁止とする。これ以降，来航してきた場合には，その船を破壊し，乗組員は即座に処刑する旨を幕府が命じられた。よってこれを通達する。
　　　　　　　　　　　　　　　　　　　　　　（『御当家令条』）

史料を読む

　史料は，幕府の老中から長崎奉行へ出された対外政策に関する通達である。寛永12年禁令では，日本人の海外渡航がきびしく禁じられている。さらに寛永16年禁令では，日本がキリスト教を禁教していることを知っているにもかかわらず，布教目的で来航する者が密航してくる現状から，取り締まりをさらに強化している。その強硬さは，キリシタンへの「処罰」や来航したポルトガル船は，即刻，船を「破壊」，乗組員の「処刑」という文言にも表れている。

史料にまつわる，あれこれ

■島原の乱はなぜ起こったか

　1637(寛永14)年，九州で島原の乱が起こった。現場となった肥前の島原や肥後の天草地方は，キリシタンの多い地域であった。幕府の禁教政策で，キリスト教宣教師や信者には国外追放や処刑などの弾圧が加えられたが，この地方には，迫害にも屈せず，ひそかに信仰を貫いていた者もいた。この乱は，飢饉のなかで領主の寺沢広高や松倉重政が百姓に重税を課したことやキリシタンを弾圧したことに抵抗した土豪や隠れキリシタン(潜伏キリシタン)らの百姓が，天草四郎時貞をその首領とした一揆である。翌年，幕府は大軍で鎮圧したが，以後，幕府はキリシタンを断つため，絵踏を強化するなど禁教政策を徹底した。

■四つの窓口とは何か

　幕府は島原の乱鎮圧後，ポルトガル船の来航を禁じた。これにより，ヨーロッパから日本に渡航できる国は，オランダのみとなった。そして，オランダに対しても1641(寛永18)年に商館を長崎の出島に移転させ，貿易を長崎奉行の監視下に置いた。
　教科書をみると，この段階で日本の外交政策はいわゆる「鎖国」の状態になったと示されている。しかし，これ以降も長崎ではオランダ・中国との貿易

が継続して行われ，朝鮮との国交関係や琉球王国からの使節の来日，蝦夷地ではアイヌとの関係があった。このような点から，江戸幕府の対外交流は完全に閉ざされていたものという見方は，この四つの窓口（四つの口）によって通交が保たれていたとされてきている。

■「鎖国」という言葉はどうして生まれたか

　では，なぜ江戸時代の対外関係を「鎖国」と表現しているのか。それは，18世紀後半から19世紀にかけて対外関係が変化したことと関係がある。この時期には，ロシアなどの列強が日本に通商を求めてきていた。

　こうした列強の接近を拒絶する理由として，幕府は日本は以前より「鎖国」していて，外交関係がある国は例外で，原則的には異国船の来航は禁じているとした。しかし，幕府の外交政策は，日本人の海外渡航の禁止と来航禁止国の指定であって，外との関係を完全に断ち切ったものではない。そもそもこの「鎖国」という言葉の由来は，17世紀末に来日したドイツ人エンゲルベルト・ケンペルが書いた『日本誌』を，1801（享和元）年に志筑忠雄が和訳した際，その一部に「鎖国」の語があてられたのが始まりである。

教科書にはどう書かれているのか

（『詳説日本史』178〜179頁）

　活発であった海外貿易も幕藩体制が固まるにつれて，日本人の海外渡航や貿易に制限が加えられるようになった。その理由の第一は，キリスト教の禁教政策にある。

　理由の第二は，幕府が貿易の利益を独占するためで，貿易に関係している西国の大名が富強になることを恐れて，貿易を幕府の統制下におこうとした。そのため，1616（元和2）年には中国船を除く外国船の寄港地を**平戸**と**長崎**に制限し，1624（寛永元）年にはスペイン船の来航を禁じた。ついで1633（寛永10）年には，**奉書船**以外の日本船の海外渡航を禁止し，1635（寛永12）年には，日本人の海外渡航と在外日本人の帰国を禁止し，九州各地に寄港していた中国船を長崎に限った。

　島原の乱を鎮圧後，幕府は1639（寛永16）年にポルトガル船の来航を禁止し，1641（寛永18）年には平戸のオランダ商館を長崎の出島に移し，オランダ人と日本人との自由な交流も禁じて，長崎奉行がきびしく監視することになった。こうしていわゆる**鎖国**の状態となり，以後，日本は200年余りのあいだ，オランダ商館・中国の民間商船や朝鮮国・琉球王

国・アイヌ民族以外との交渉を閉ざすことになった。

▶もっと知りたい人のための参考文献
藤田覚『松平定信』中公新書　1993年
片桐一男『開かれた鎖国』講談社現代新書　1997年
永積洋子編『「鎖国」を見直す』山川出版社　1999年
大橋幸泰『潜伏キリシタン』講談社選書メチエ　2014年

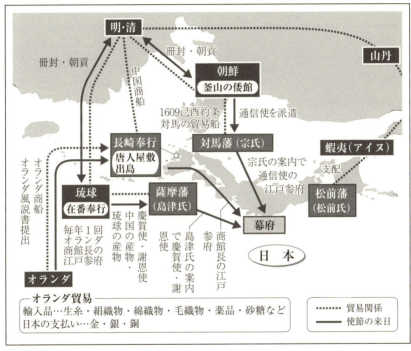

▲四つの窓口

25 百姓に対する生活統制
幕府が百姓統制を重視したのはなぜか

幕藩体制では，百姓による安定した農業経営がその領主の財政基盤を支える上でもっとも重要な要素であった。財源の多くを占めたのは，百姓からの年貢だったからである。そのため，幕府は百姓の生活を統制し，安定させるためにどのような方法をとったのだろうか。

口語訳史料

【寛永19（1642）年の農村法令】

(1)一 村で行われる祭礼や仏事などは，派手に行ってはならない。

(2)一 百姓が身に着ける男女の服装は，これ以前からの法令で定めているように，庄屋は絹・紬・麻布・木綿を着用せよ。また，一般の百姓は，麻布・木綿を着用せよ。これ以外のぜいたくな衣料は，襟や帯などでも用いてはならない。

(3)一 結婚して嫁を迎える時などでも，乗り物や駕籠を用いてはならない。

(4)一 身分不相応に立派な家を，今後は建ててはならない。

(5)一 幕府の天領，大名・旗本領にかかわらず，本田畑にたばこを栽培してはならない。

(6)一 馬の荷鞍にも毛氈（敷物用の毛織物）をかけて乗ってはならない。

(7)一 来春よりあちこちの村里において，領主の旗本や天領の代官が苗木を植え，林を造成するように申し付ける。

（『御当家令条』）

【田畑永代売買の禁止令】

暮らし向きのよい百姓は，田地を買い取ってますます裕福になり，家計の苦しい百姓は，田畑を売却してさらに暮らし向きが悪くなるので，今後は，田畑の売買は禁止とする。（『御触書寛保集成』，口絵参照）

史料を読む

　最初の寛永19(1642)年の農村法令は，幕府が百姓の生活を統制するために発したものである。17世紀中頃から18世紀にかけては，本百姓(ほんびゃくしょう)による農家経営が安定してきた時期であるが，史料の表題には，「飢饉につき，農民への御掟」とあり，この史料は1641～42(寛永18～19)年に発生した寛永の飢饉に対応して幕府が定めた法令と言えるだろう。冠婚葬祭や衣服，家作(かさく)などに至るまで，幕府の規制が百姓の生活細部におよんでいることが読みとれるだろう。
　そして，次の田畑永代売買(えいたい)の禁止令は，1643(寛永20)年に幕府が代官に対して教示した命令全7カ条のなかの第3条にあたるものである。百姓間での農地の売買を禁じたものであるが，その理由は，田畑の売買によっていっそう貧富の差が大きくなり，田畑を手放してしまった百姓は，健全な経営が成り立たなくなり，そうなれば幕藩領主に納められる年貢が減ってしまうということを危惧(きぐ)したからである。

史料にまつわる，あれこれ

■発令の背景には何があったか

　幕府は，この時期，百姓の経営をできるだけ安定させ，本百姓から年貢や諸役を確実に徴収するために様々な法令を発している。ここに示した田畑永代売買の禁止令をはじめ，分割相続による田畑の細分化を抑える分地(ぶんち)制限令や自由な商品作物栽培を制限した田畑勝手作り(かってづくり)の禁などがある。これらは，いずれも百姓の自給自足による生活を維持し，貨幣経済に巻き込まれないように考えられたものである。そして，これらの法令が出された背景には，1641(寛永18)年から翌年にかけて天候不順によって全国的に発生した，いわゆる寛永の飢饉があった。
　この飢饉では，その前触れとして西日本で大量の牛が病気で大量死し，農業経営に重大な影響が現れた。なぜなら，当時の農業では牛耕やその糞(ふん)を施肥(せ)していたためである。そして，九州地方では干ばつや虫害(ちゅうがい)に襲われ，翌

年には大洪水になるといった状況であった。また，ほかの地域でも，四国や中国地方で九州と同じような状況となり，関東地方では冷害が発生し，東北地方では1640（寛永17）年の蝦夷駒ヶ岳の噴火による火山灰の降灰の影響や異常気象による被害が甚大で，こうして全国的な凶作におちいったことにより，寛永の飢饉が発生したのであった。

■百姓に対する生活規制の目的は何か

　幕府は，百姓の安定した農家経営を維持することが大きな目標であった。そのために日常生活の細部にわたり，細々と指示したものがここに示した農村法令である。全般的には，百姓は質素倹約した生活を営み，ぜいたくは禁じる方針で固められている。それは，(1)では祭礼・仏事での派手なふるまいを禁じたほか，(2)では衣服，(4)では家屋の建築，(6)では乗馬の装備を規制するなど諸方面にわたっている。

　また，(5)では，幕府の直轄地だけでなく，私領においても，本田畑でのたばこの栽培が禁じられている。この理由は，嗜好品であるたばこは農作物であるが，商品作物として売買の対象になり，百姓の生活のなかに貨幣経済が浸透することを制限しようとしたからである。

　さらに関心を引くのは，(7)である。ここでは翌年の1643（寛永20）年から各地の農村で植林することが命じられている。これは，防災という側面も指摘できるだろう。こののち，幕府は1666（寛文6）年に河川の下流域の治水を目的に上流域の森林開発を制限する諸国山川掟を出し，山林荒廃や洪水発生につながる過剰な開発をいましめている（ただし，この掟の対象範囲などは議論がわかれるところである）。また植林による防災の事例では，17世紀半ばの東北地方で津波や高潮，風害，飛砂などに備えた広大な海岸防災林が造成されていることも知られている。防災は現代の大きな課題であり，近世の植林事情についても目を向けていきたい重要なテーマと言えるだろう。

教科書にはどう書かれているのか
（『詳説日本史』189頁）

　幕府は百姓の小経営をできるだけ安定させ，一方で貨幣経済にあまり巻き込まれないようにし，年貢・諸役の徴収を確実にしようとした。このため，1643（寛永20）年に**田畑永代売買の禁止令**，1673（延宝元）年には分割相続による田畑の細分化を防ぐために**分地制限令**を出した。また，たばこ・木綿・菜種などの商品作物を自由に栽培することを禁じたりし

た。そして，1641〜42（寛永18〜19）年の寛永の飢饉のあと村々へ出された法令にみられるように，日常の労働や暮らしにまで細ごまと指示を加えている。

▶もっと知りたい人のための参考文献

大石慎三郎『江戸時代』中公新書　1977年

高埜利彦『日本の歴史13　元禄・享保の時代』集英社　1992年

▲近世に成立した海岸防災林　（柳谷慶子「近世の東北に成立した海岸防災林」〈『史学会125周年リレーシンポジウム2 東北史を開く』山川出版社　2015年〉より）

26 上げ米
享保の改革で幕府の財政は再建されたのか

　江戸幕府ができて100年以上経った享保期になると，三家の1つ紀伊徳川家出身の徳川吉宗が8代将軍となった。この時期には，幕府の権力機構も安定し，これまで徐々に拡大してきた諸々の生産活動が充実したことにより，世のなかには貨幣経済が浸透していった。

　一方，元禄時代から始まった幕府の財政難は，米を換金して暮らす大名や武士の生活にも大きな影響をおよぼすようになっていた。このような時期に，将軍となった吉宗が実施した享保の改革における財政再建策の1つが上げ米の制度である。この政策により，幕府の財政は再建されたのだろうか。

口語訳史料

　将軍直属の家臣として召し抱えられている旗本・御家人も，将軍の代を重ねるごとに段々と人数が増えてきた。幕府が直轄地から得られる年貢収入も以前よりは多くなってきたが，切米や扶持米，そのほか主要な経常支出の支払高と比べれば，結局は毎年不足している。

　今年に至っては，切米の支出も困難となり，政治にかかる費用にも支障をきたしている。そのため代々このようなことはなかったのであるが，吉宗公は1万石以上の領地を持つ大名から米を上納するようにとお考えになった。そうしなければ，御家人のうちの，数百人に暇を取らせるよりほかはないので，恥辱もかえりみられずお命じになったものである。

　石高1万石につき，米100石の割合で上納せよ。……この上げ米の代わりとして参勤交代での江戸滞在期間を半年ずつ免除されるので，国元でゆっくりと休息するようにとの仰せである。

（『御触書寛保集成，口絵参照』）

史料を読む

　冒頭にある「旗本」・「御家人」の文言は，ともに将軍に仕えている知行1万石未満の直参(直臣)を指すが，この両者には区別がある。約5000人を数えた旗本は将軍とのお目見えが可能で，旗本知行地と呼ばれる領地を与えられる者も多くいた。しかし，享保年間には1万7000人いたという御家人にはお目見えの資格がなく，またその多くは年貢米を俸禄として支給される蔵米取りであった。つまり，地位や家格の上では，旗本のほうがより上級だったのである。こうした旗本・御家人に対して給与する切米や扶持米が不足気味であると言うのである。

　1722(享保7)年になって，米不足は政治にかかる費用にも支障をきたすほどのものとなり，現状を憂いた幕府は次のように考えた。すなわち，1万石以上の大名に米の上納を求めたのである。そうしなければ，御家人のうちの，数百人に暇を取らせる，すなわち解雇するほかはないと言っているのである。

　さて，このような事態におちいったのは，幕府としてもきわめて恥ずかしいことと述べているが，ここからは，財政の悪化は深刻な事態になっていたことが読み取れる。そこで大名たちに緊急措置として，幕府に対して1万石につき米100石の上納を求め，その見返りとして参勤交代での負担を軽減し，江戸での滞在期間を半減するとした。

史料にまつわる，あれこれ

■幕府の財政難はどのように始まったのか

　元禄時代と呼ばれた5代将軍徳川綱吉の時代には，華やかな町人文化が開花し，社会の安定と経済の発展を背景に，儒学や仏教の理念を重視する文治主義の政治が進められた。

　一方，この時代になると，財政的には大きな転換期を迎え，これまで比較的潤沢であった幕府財政は，初めて危機に直面していた。その背景には，新潟の佐渡にあった金山など幕府直営の鉱山が枯渇してその産出量が減り，

鉱山収入が減少したことがあげられる。それに加えて4代将軍家綱の時代である1657（明暦3）年には江戸で明暦の大火と呼ばれる大火事が起こり，これによって江戸城も含めた江戸町中の大半が灰燼に帰し，その復興が次代に重くのしかかったのである。さらには，5代将軍綱吉が母桂昌院のために造営した護国寺の建設費用や徳川氏の菩提寺である寛永寺や増上寺の修復費用がかさんだことから，幕府の財政はきびしいものになっていたのである。

■ 吉宗の考えた上げ米は成功したのか
　「米将軍」と呼ばれた徳川吉宗が8代将軍になったのは，1716（享保元）年のことである。吉宗の前に立ちはだかったのが，幕府の財政難であった。29年間将軍に在職した吉宗が実施した享保の改革の柱である上げ米は，こうした問題への対処として実施された制度である。
　享保の改革では，幕府財政再建のために支出を抑制し，生活の緊縮を訴える倹約令を発したほか，年貢収入を安定させるために幕領に対して従来の検見法を改める定免法の採用，新田開発の促進などによる財政再建策を矢継ぎ早に進めていった。そして，これらの政策が軌道に乗るまでの間，1722（享保7）年から1730（享保15）年まで実施されたのが上げ米である。
　この制度は，幕臣が増え続けた結果，幕臣への給付米が不足していたのを補う緊急措置であった。幕府に諸大名から上納された米の総額は，1年間で18万7000石におよび，これは幕臣に与える切米・扶持米の約5割にも相当する額で，幕府の年貢収入の1割を超えた。そして，1731（享保16）年に財政再建の目途がつくと，上げ米は廃止され参勤交代制度も元に戻されたのである。
　では最後に，なぜ上げ米の制度は緊急措置であり，財政再建の目途がついた途端，廃止されたのだろうか考えてみよう。その背景には，御恩と奉公の関係で結ばれていた将軍と大名との主従関係の根本にかかわる問題があると考えられる。参勤交代は，大名が平時において将軍への奉公の意を表すものである。そのため，幕府がそれをなし崩しにすれば，従来から築き上げてきた主従関係にアンバランスが生じると考えられたからではないだろうか。「恥辱」とされた上げ米の制度は，幕府財政の再建に伴い廃止されたのであった。

教科書にはどう書かれているのか

(『詳説日本史』218〜219頁)

　改革の中心はまず財政の再建にあった。1719(享保4)年，続発する金銀貸借についての争い(金公事)を幕府に訴えさせず，当事者間で解決させるために**相対済し令**を出した。また倹約令によって支出をおさえる一方，大名から石高1万石について100石を臨時に上納させる**上げ米**を実施し，そのかわりに参勤交代の負担をゆるめた。

▶もっと知りたい人のための参考文献

　藤田覚『日本史リブレット48　近世の三大改革』山川出版社　2002年
　大石学『日本史リブレット人51　徳川吉宗』山川出版社　2012年
　高埜利彦『シリーズ日本近世史③　天下泰平の時代』岩波新書　2015年

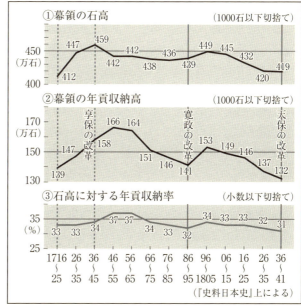

▲**幕領の総石高と年貢収納高**　幕領の石高は，享保の改革による年貢増徴政策や新田開発などで増加して，450万石を上まわり，この期間で約50万石，率にして12%の増加があった。また，幕領の年貢収納高も着実に上昇を続け，改革後の1744(延享元)年には180万石という幕政史上最高の収納高となった(グラフは期間内の平均値)。同様に，年貢収納率も享保の改革期を通じて上昇した。その後の幕領の石高と年貢収納高は，寛政の改革後にやや増加するが，低下の一途をたどった。天明の飢饉や天保の飢饉時には約100万石までに落ち込むという，低い収納高が記録されている。

27 身分社会への批判
安藤昌益はどのような思想家だったのか

　身分制度のきびしい江戸時代では，封建体制を批判するような庶民の言動は強く押さえつけられていた。ところが，18世紀後半の宝暦・天明期になると，民間知識人のなかからこれまでの封建社会を根本から批判し，それを改善していこうとする意見が現れてきた。ここで紹介する安藤昌益の思想は，このような思想の先駆的なものであり，なかでも群を抜く革新的なものである。変容する社会状況のなかで，昌益は時代をどう読み，これからの社会に何を期待したのだろうか。

口語訳史料

　平地に住んでいる人々は，盛んに耕作して穀物を多くつくる。山里に住んでいる人々は燃料として焚く薪用の木材を伐り出して平地へ出荷する。海岸に住んでいる人々は，魚を取って平地へ出す。こうして，お互いに薪・穀物・魚を交換していけば，山里でも薪・穀物・魚があってこれを食べて家をつくり，海辺に住む人々も家をつくり穀物や魚・野菜を食べ，平地の人々も同じようにする。こうすれば平地に穀物が余り過ぎることはなく，山里でも不足なく，海岸の人々も過不足なく暮らすことができる。

　そして，一方に富める者もなく，他方に貧しい者もなく，ここに支配する者もなく，一方で支配される者もいない。……上の者がいないので下の者を責め取る欲望もなく，下の者がいないので上の者に対してこびを売ったり，よからぬことをたくらむこともない。……各自が耕作して子どもを育て，子が大人になり一生懸命耕作して親を養い，また，その子を育て，一人がこれを行えば，みんながこれを行い，奪い取る者がないので，奪い取られる者もない。

　天地と人々は常に一緒で，天地が誕生すると，人々は耕作を始める。

これ以外に一切のかくしごとはない。これが自然の世の様子なのである。
（『自然真営道（しぜんしんえいどう）』）

史料を読む

　安藤昌益の『自然真営道』のなかで、その革新的思想がもっともよく表れている部分である。自然の世（よ）を理想とし、封建社会の身分制度を否定している。自然の世とは、昌益が理想とする社会で、万人（ばんにん）が直耕（ちょっこう）する平等な社会を意味している。

　史料を読んでみよう。これは巻頭にあたる「自然ノ世ノ論」の一節である。ここで昌益は、人間生活の営みにおいて自然経済を肯定し、本来、人と人との間には何ら差別はなく、支配する者がいなければ支配される者もいないという。そして、すべての人間が農業生産に従事し、必要最低限のものだけを物々交換して農村・山村・漁村との間で自給自足の生活をして行けば、武士が農民から搾取することなどはなくなると説いている。

　また昌益は、古代中国において、帝王が人為的に法律や制度を設けたことから、人々の間に差別が生まれ、その社会を「法世（ほうせ）」の社会であるとした。このような批判思想は、生活者の立場から生まれた万人が直耕する精神を重視する考え方であった。昌益は、封建的な身分制度を批判し、徹底した平等主義に基づく理想の社会を「自然の世」と表現し、この妥当性を主張したのであった。

史料にまつわる、あれこれ

■ 安藤昌益とはどのような人物か

　安藤昌益は、医師であり、思想家でもあった。その生涯は、謎の部分が多いが、1703（元禄（げんろく）16）年に出羽国秋田郡二井田（にいた）（現、秋田県大館市（おおだてし）二井田）の上層農民安藤孫左衛門家の次男として生まれ、1762（宝暦（ほうれき）12）年に死去したとさ

れている。良中（りょうちゅう）を字（あざな）とし，通称は孫左衛門。号は確龍堂（かくりゅうどう），柳枝軒（りゅうしけん）と称していることも明らかにされている。

　昌益は医師としての名前であり，1744(延享（えんきょう）元)年から陸奥国八戸（はちのへ）で町医者として開業し，八戸近辺の代官・神職から医師・商人まで幅広く多数の門人を抱えていた。さらに，門人のなかには松前・江戸・大坂・長崎の者もいたという。晩年には出羽国二井田に戻り，その地で没したことも確認されている。そして，昌益の思想の特徴の1つとして，孔子（こうし）や孟子（もうし）のような聖人・君子の学説も階級支配の合理化に過ぎないとし，これらを否定したことがあげられる。死後には，門人らにより「守農太神確龍堂良中先生」とたたえられ，その由来を記した石碑が建立された。

■どのような時代に昌益の思想が生まれたか

　昌益が生まれた元禄期から享保，宝暦期にかけては，幕藩体制は様々な面で大きな曲がり角にあたる時期であった。江戸幕府は元禄期にこれまでにない初めての財政的な危機に直面し，享保の改革後にあたるこの時期は，幕府の年貢増徴による財政再建策が進められた。これと並行して，農村社会では階層分化やその変容もいちじるしく，村方（むらかた）騒動や一揆，そして都市では打ちこわしが勃発するような社会となり，これまでの封建的社会権力に対して抵抗する民衆のうねりがみえ始める時期であった。このような状況下に置かれていた社会に，昌益は独自の思想を形成したのである。

　昌益は，15歳の元服前後に京都に上り，禅宗寺院で修業を積んだ。その後，仏門から離脱し，医学の道に足を踏み入れた。とくに，宋・金・元代に成立した医学との出会いが，生命を尊重する昌益の思想の原点にあたると言えるのではないだろうか。八戸に移住した昌益は，東北地方での凶作による恒常的な飢餓状態をみて，独自の見解を持つようになったものと考えられる。

　差別と支配を合理化するものとして儒教や仏教の思想を否定した昌益の自然世という考え方は，自然経済，血縁的共同体に立脚した思想で，身分制度の否定や男女平等を主張する近代的精神を表している。しかし，当時の社会ではまったく世に知らされることもなく，実際にこれを実現するための方法論もなかったので現実離れしたものであった。

　そのため，長い時間，昌益は思想家として「忘れられた」存在となり，ここで説かれた精神は，現実の身分制そのものを破壊する理論的武器にはなり得なかった，ユートピア思想とも考えられている。

近世最大の思想家の1人と評されている昌益だが、その著書自体が明治30年代になって発見されたものである。だが、現在では昌益研究は非常に盛んに行われるようになっており、昌益の主張には伝統的な医学批判や社会思想もみられることが指摘されている。

教科書にはどう書かれているのか
（『詳説日本史』227～228頁）

18世紀半ばになると封建社会を根本から批判し、それを改めようとする意見が現われてきた。とくに、陸奥八戸の医者**安藤昌益**は『自然真営道』を著して、万人がみずから耕作して生活する自然の世を理想とし、武士が農民から搾取する社会や身分社会を鋭く批判した。

▶もっと知りたい人のための参考文献

E.ハーバート.ノーマン『忘れられた思想家―安藤昌益のこと―（上・下）』
　岩波新書　1950年
　石渡博明『安藤昌益の世界―独創的思想はいかに生まれたか』草思社　2007年

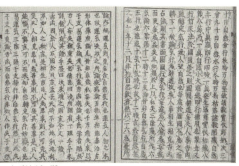

▲『**自然真営道**』（安藤昌益著）　封建社会をきびしく批判し、階級制度に反対した。万人直耕の自然世を理想としたが、刊行されず、一般への影響はなかった。100巻。（慶應義塾図書館蔵）

27　身分社会への批判

28 海国兵談
林子平はなぜ処罰されたのか

18世紀後半になると、江戸幕府は西洋列強が日本へ接近してきたという問題に悩まされた。そのため、幕府は、従来取ってきた外交政策を転換しなければならなくなった。また、松平定信による寛政の改革下では、きびしく出版が統制され、民間人による政治への風刺や批判が強く抑えられていた。林子平が述べた海防論も弾圧の対象とされたが、その理由を考えて行こう。

口語訳史料

　今日、世間一般の習慣として、外国船が日本に入る港は、長崎のみであると考えていて、ほかの港へ外国船が寄港することは決してないと思っているであろう。このように考えるのは、実に太平の世に慣れ浸ってしまっている人というべきである。日本は海に囲まれている国だから、どの地方の港にも思いのままに船を寄港することができるので、東国だからといって油断はできないのだ。現在、外国船の来航に対し、長崎には厳重に大砲を設置して備えているが、(江戸の入口にあたる)安房や相模の国にはその備えができていない。このことはとても気になることである。よくよく考えてみれば、江戸の日本橋から唐(現在の中国、当時は清)、オランダまで境のない水路でつながっているのである。それなのに、なぜ幕府は、相模や安房の防備をしないで、長崎に限っているのであろうか。
〔『海国兵談』〕

史料を読む

　林子平は，幕藩体制のあり方について独自の意見を持っていた経世論者である。幕臣であった父岡村良通が牢人になったため，兄が藩士となっている仙台に移り，その後，全国行脚の旅に出て，江戸や長崎に遊学，工藤平助や大槻玄沢らと交遊し，海外事情に精通するようになった。

　史料を読んでみると，異国船の入港について，長崎に限られているとあるが，実際には，これまでの幕府の対外関係は，長崎・対馬・薩摩・松前の四つの窓口を通じて異国・異域と結ばれていた。そのなかで，林子平が注目している点は，オランダという西洋の国の船が長崎出島で貿易を行っていたことである。海国である日本は，実際には西洋列強が正規の外交ルートを無視した形で，どこからでも上陸可能な国なのである。だから，長崎ばかりに気を取られている幕府の外交方針に異議を唱える形でこの著書が出版されたのである。

史料にまつわる，あれこれ

■『海国兵談』が出版されたいきさつは

　海防の重要性を認識していた林子平が『海国兵談』を執筆したのは，寛政の改革下で，1791（寛政3）年のことであった。自費出版の形で30部を刷りあげ，水戦や陸戦についてその戦法などを述べた。この著書は，幕府の外交政策を批判したものであるとみなされた。そのため幕府は子平を江戸に召喚し，印刷に使用した版木を没収し，子平には兄の家に謹慎することが命じられたのである。その後，謹慎の身であった子平は，1793（寛政5）年に不遇のうちに病死したのであった。

■外交政策はどのように変化していったか

　ところで，子平が抱いていた危機感は，彼が謹慎を命じられた直後に現実のものとなった。1792（寛政4）年，ロシアの外交使節であったラクスマンが伊勢からの漂流民を送還して根室に来航し，日本との通商を求めたからであ

る。

　この時，ラクスマンは日本との貿易を行うための交渉を求め，江戸湾への入港を強要した。しかし，当時の江戸湾は子平が指摘した通り，何の防備もない状態であったので，これがきっかけとなって，幕府は三浦半島と房総半島に囲まれた江戸湾と蝦夷地の海防の強化を急務とし，諸藩にもその役割を命じた。

　幕府は，この時何とかラクスマンの江戸入港を阻止することができた。しかしその際に，幕府は，従来より日本と外国との交渉の窓口は長崎である，という理由を述べてラクスマンに対し，長崎への入港許可書である信牌を与え，帰国させた。

　その後，ロシアからは1804（文化元）年にラクスマンの持ち帰った信牌を持参した外交使節レザノフが長崎に来航した。通商を交渉する目的で正式な外交使節として派遣されたレザノフに対して，幕府のとった態度は冷淡なもので，ロシア船に長崎沖で待機するように命じた。そして，待たせた末に，ロシアとの通商はできないと回答したのである。通商が許可されると思っていたロシア側は，日本側の対応への報復として樺太や択捉島を襲撃した。

　こうして18世紀後半以降，日本とロシアとの対外関係は非常に緊張感が高まり，幕府は北方の警備体制を厳重にした。また，そればかりでなく，1808（文化5）年にはイギリス軍艦のフェートン号が長崎に侵入するというフェートン号事件も起きた。その後もイギリス船やアメリカ船の日本近海への接近や沿岸への上陸がたびかさなると，幕府の外交政策は大きく動揺する事態となったのである。そして，幕府は諸大名に命じて全国各地の海岸線に台場を設け，大砲の設置を行うといった対応策とったのである。

教科書にはどう書かれているのか　　　　　　　　　　　（『詳説日本史』234頁）

　民間に対してはきびしい**出版統制令**を出して，政治への風刺や批判をおさえ，風俗の刷新もはかった。林子平が『三国通覧図説』や『海国兵談』で海岸防備を説いたことを幕政への批判とみて弾圧し，黄表紙や洒落本が風俗を乱すとして出版を禁じたり，その出版元を処罰した。農村でも芝居を禁じるなど風俗取締りが命じられた。

▶もっと知りたい人のための参考文献

　　藤田覚『松平定信』中公新書　1993年

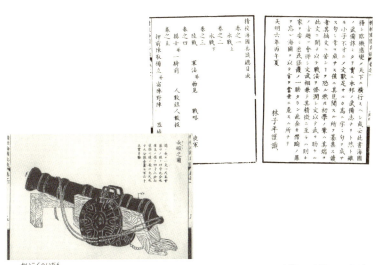

▲『海国兵談』(林子平著，1791〈寛政3〉年刊) 林子平は江戸湾岸の防備を強調する海防論を主張したが，幕府は幕政批判として，1792(寛政4)年に子平を処罰，版木を没収した。(国立国会図書館)

▲品川台場 江川太郎左衛門の献策・指揮で築造を開始。第1～3，第5・6台場が完成した。当初，11基計画されたが，資金不足のため，第4・7は工事中止，第8以下は未着手となった。現在第3・6台場が，国史跡として保存されている。

29 異国船打払令
幕府の対外政策はどう展開したのか

1792（寛政4）年にロシア人ラクスマンが漂流民の送還と通商を求めて根室に来航した際、幕府は信牌という長崎への入港許可証を与えた。この信牌を持ったレザノフが1804（文化元）年に長崎に来航した。1806（文化3）年になると、幕府は難破して来航した異国船に対し薪水を与えて穏やかに退去させるという文化の薪水給与令を示した。だが、それ以降もイギリス船の日本近海への出没や上陸、密貿易を行う事件が続いた。こうしたたびかさなる事件の結果、幕府は天文方高橋景保の意見を受け、それまでの方針を改め、異国船打払令を定めた。19世紀の幕府の対外政策はどのように展開したのだろうか。

口語訳史料

……もともとイギリスに限らず南蛮や西洋の国々は、日本が禁止している邪教のキリスト教国である。そこで、今後どこの海辺の村においても外国船が乗り寄せてきたことを発見したならば、その場に居合わせた人々で、有無を言わず直ちに打ち払うようにせよ。逃げた場合には追跡船を出す必要はなく、そのままにしておけばよいが、もし強引に上陸したならば、からめとり、または打ち殺しても構わない。……迷うことなく打ち払うことを心がけ、時機を逸することなく処置することが大切であるので、油断することのないように申し付ける次第である。

（『御触書天保集成』）

史料を読む

　この史料は，1825（文政8）年に老中から大目付に対して出された触書(めいれいしょ)（命令書）である。

　史料を読んでみよう。イギリス船が日本近海に接近するようになったことをきっかけに，いっさいの西洋キリスト教国を対象にして，日本沿岸にやってきた異国船は迷わず打ち払えと記されている。打ち払う理由として，キリスト教の禁教をあげていることがわかる。そして，ここでは強引に上陸した者に対しては打ち殺してもよいというきびしい姿勢を示しているが，逃げていった場合には，追いかける必要はないと言っている。それ以上の交戦を考えたものではなく，威嚇に主眼が置かれていたと言える。なお，この史料には，「迷うことなく打ち払え」という文面がある。これは原史料では「二念無く」と記されているところから，無二念打払令とも呼ばれている。

史料にまつわる，あれこれ

■日本とロシアはどのような関係にあったか

　1792（寛政4）年9月5日，ロシアの使節ラクスマンがエカチェリーナ2世の命を受け，漂流民の大黒屋光太夫ほか2人を伴って根室にやってきた。そして，江戸への入港を求めたが，その理由は漂流民の送還だけでなく，日本との通商関係を築くことにあった。しかし，幕府はこれを認めず，日本における通交関係の窓口は長崎であるとして，長崎への入港許可証である信牌を与えた。この信牌というのは，江戸幕府が中国船に対して長崎に入港して貿易を行うことを許可した証票であるが，幕府はこれをロシア側に与え，ロシア船の江戸入港を回避したのである。

　この信牌をたずさえてロシア使節のレザノフが漂流していた陸奥国出身の漁民津太夫らを連れて長崎にやってきたのは，1804（文化元）年のことであった。目的は江戸への入港と通商交渉にあった。幕府が結論を出すまでには半年もかかったが，回答は，朝鮮・琉球・中国・オランダ以外の国とは国交も

貿易も関係を持たないのが祖法であるという従来の方針を堅持し，レザノフの要求を拒否した。そのため，こののち日露関係は緊張感が続いた。

■ 幕府の対外政策はどう変わったか

　1806（文化3）年に定められた文化の薪水給与令をかえさせるきっかけとなったのが，1808（文化5）年のフェートン号事件である。これは，イギリス軍艦のフェートン号がナポレオン戦争の結果，イギリスの敵対国となっていたオランダ船の捕獲を目指して長崎湾内に侵入し，薪水や食料を強奪した事件であった。この事件では，当時，長崎奉行であった松平康英が責任をとって自害している。

　その後，幕府の対外政策を大きくかえる直接の原因となった事件が，イギリスの捕鯨船が常陸国で起こした大津浜事件と薩摩国で起こった宝島事件である。大津浜事件は，1824（文政7）年5月28日，常陸国大津浜に2艘のボートに乗った12名のイギリス人が上陸したもので，この時，地元の水戸藩では，イギリス人と近辺の漁師らが接触することを禁止している。また，同年8月8日には，トカラ列島（鹿児島県十島村）の宝島にイギリス船が来航し，翌日には上陸して牛を奪ったり，発砲したりするなどの行為におよんだ。これが宝島事件と呼ばれるものである。こうした事件が重なり，幕府内では異国船への対処について評議が行われた。評議の結果，老中から将軍に伺書が出され，ついに異国船打払令が定められた。

■ 蛮社の獄はなぜ起こったか

　こののち，実際に打ち払いが実行された事件がモリソン号事件である。これは，1837（天保8）年，漂流した日本人7名の送還と通商交渉開始の要求を持って，マカオを出港したアメリカ商船モリソン号が来航したことに対して，相模国浦賀と薩摩国山川で実際に打ち払いが行われたものだが，洋学者のなかにはこれを非難する者もいた。

　陸奥国水沢（岩手県奥州市）出身の医師である高野長英は，1838（天保9）年に著した『戊戌夢物語』のなかで，外国船に対する不用意な武力の行使は日本にとってきわめて危険であると説いている。また同様に，田原藩の江戸年寄役であった渡辺崋山は，未定稿であったが『慎機論』を著し，幕府の無謀さを非難した。これにより，翌年には蛮社の獄と呼ばれる洋学者に対する弾圧が行われ，2人も処罰を受けた。

教科書にはどう書かれているのか
（『詳説日本史』236〜237頁）

　北方での対外的な緊張に加えて，さらに幕府を驚かせたのは，1808（文化5）年のイギリス軍艦フェートン号の長崎侵入であった。フェートン号は，当時敵国になったオランダ船のだ捕をねらって長崎に入り，オランダ商館員を人質にし，薪水・食料を強要してやがて退去した（フェートン号事件）。そこで，幕府は1810（文化7）年，白河・会津両藩に江戸湾の防備を命じた。

　その後もイギリス船・アメリカ船が日本近海に出没したため，大名に命じて全国各地の海岸線に台場を設け大砲を備えさせた。幕府は，船員と住民との衝突などを回避するため，異国船に薪水・食料を供給して帰国させる方針をとっていたが，1825（文政8）年，**異国船打払令（無二念打払令）**を出し，外国船を撃退するよう命じた。従来の四つの窓口で結ばれた外交秩序（鎖国）の外側の，新たなロシア・イギリスのような武力をともなう列強に対し，強い警戒心を抱き外敵として想定した。

▶もっと知りたい人のための参考文献
木崎良平『漂流民とロシア』中公新書　1991年
上白石実『幕末の海防戦略』吉川弘文館　2011年

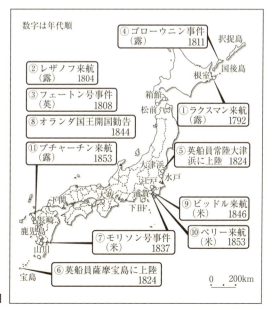

▶列強の接近関係図

30 人返しの法
この政策で農村は再建されたのか

12代将軍徳川家慶のもと、老中の水野忠邦は天保の改革を実施した。「内憂外患」の危機に直面したこの改革では、財政の緊縮や綱紀の粛正がはかられた一方、都市政策や農村再建策の一環として人返しの法（人返し令）を実施している。これにより、幕府は人口増大という都市問題を克服し、農村の立て直しを成功させることができたのであろうか。

口語訳史料

(1)一 農村で生活している者が所帯をたたみ、江戸の人別に登録することは、今後決してしてはならない。

(5)一 近年、江戸にやってきて、町屋敷の裏通りに建てた家などを借り受けて暮らしている者のなかには、妻子もいなく、一年契約の奉公人同様の者もいる。このような者たちは、早く村に呼び戻すようにせよ。

（『牧民金鑑』）

史料を読む

　この史料は、天保の改革の際に出されたもので、1843（天保14）年に江戸の人口抑止と農村を復興するために村方に発せられた触書である。これが出された理由は、もともと江戸で暮らしていた町人のほかに、関東周辺の農村から大都市である江戸に出稼ぎにやってくる者が多数おり、江戸の人口は年々増加し続けたからである。
　史料を読むと、このような地方出身者は、今後、江戸への移住が禁止されたことがわかる。そして、「江戸の人別に登録すること」とは、現代

の戸籍登録と同じ意味で使われている。現代のような戸籍制度のなかった当時，人別改めという人口調査が行われ，これは寺院が檀家を把握する際に作成された宗門改帳とあわせて戸籍の役割を果たしていた。

また，「町屋敷の裏通りに建てた家などを借り受けて暮らしている者」とは，表通りに面して両側に並んだ表店に対して，その裏手で長屋暮らしをしていた者を指す。地方から江戸にやってきた流入民は，江戸での生活基盤がなく，地借・店借という形で零細な生活をしていたのである。そのため，幕府は江戸への流入民が膨張すると江戸の治安などが悪くなると考え，都市政策とあわせて地方の農村再建策として，この人返しの法と呼ばれる触書を出したのである。

史料にまつわる，あれこれ

■内憂外患の時代とは

水野忠邦が天保の改革を実施した前後には，国内には様々な問題が山積していた。対外政策では，18世紀後半以降，西洋列強が日本に通商を求めて接近し，国内では凶作や飢饉に見舞われた農村部で領主による過酷な年貢徴収に反対して百姓一揆や村方騒動が激しく起こり，治安の悪化した都市部では富商や米屋などが襲撃される打ちこわしが多発するようになったのである。

1837（天保8）年に大坂で起こった大塩平八郎の乱は，こうした状況のなかで，幕府による窮民救済を要求して，門弟や民衆を動員して立ち上がった事件である。

このような国内で抱えていた諸問題を「内憂」といい，対外的な問題を「外患」という。この言葉は，水戸藩主であった徳川斉昭がその著書「戊戌封事」のなかで使用したものであり，当時の政治状況を端的に表現した言葉として有名である。

■なぜ，百姓が江戸に移住したのか

近世後期になって，庶民生活も以前と比べて豊かになり，貨幣経済が浸透した農村でも，生活水準が高まった。一方，これがぜいたく視されるとともに，農業だけでは生計が成り立たなくなる状況になり，下層農民らは，江戸

への出稼ぎや奉公人となって現金収入を得ようとした。

　地方の農民にとって，江戸はとても魅力的な都市であった。農業より楽と思われた仕事がたくさんあり，米食も含め都市的なライフスタイルや文化，風俗に憧(あこが)れを持つ者も多かったと言われている。このような局面は，寛政期頃にめだつようになり，松平定信による寛政の改革では，天明の飢饉や打ちこわしを機に旧里帰農令(きゅうりきのうれい)が出され，江戸に流入した没落農民の帰村や帰農が奨励された。しかし，この政策は強制力を伴わず，また帰村のために必要となる費用の手当ても十分ではなかったので，ほとんど効果はみられなかった。

■ 人返しは成功したのか

　こうした経過のなかで，1830年代になると，関東・東北を中心に全国的な天保の飢饉が起こり，農村はいちじるしく荒廃した。農村が荒廃すれば，領主層にとっては従来通りの年貢徴収も困難になる。それが，財政難に拍車(はくしゃ)をかけるのは当然のことであった。

　そのため，改革を進めた水野忠邦は，江戸の都市政策として人口問題に着手した。というのも，天明の飢饉の際にも起こったように，ひとたび飢饉が起これば，人々の間には食糧難が起こり，幕府としても救済処置を講じなければならなかったからである。しかし，有効な手立てが施されない場合，他国生まれの江戸の零細町人は打ちこわしなどを起こす主体となることは簡単に予想がつくものであった。

　直面した問題に対し，水野忠邦は代官の意見を聴取したり，町奉行にどのような対策が効果的か評議させたりした。この時，町奉行は江戸の生活に慣れ親しんだ者を強制的に帰村させるのは現実的ではないと回答し，ぜいたくな暮らしの取り締まりを行った上で，その成果があがった後に人別改めを強化することで対処したい旨を伝え，強制的帰村には反対の意を表明した。

　その結果，人返しの法は寛政の改革の際の旧里帰農令と同様に強制力を伴わないものとなり，実効をあげることはできなかった。

教科書にはどう書かれているのか

(『詳説日本史』239頁)

　内憂外患に対応するため、幕府は、1841(天保12)年、大御所家斉の死後、12代将軍家慶のもとで老中水野忠邦を中心に幕府権力の強化をめざして**天保の改革**をおこなった。

　忠邦は享保・寛政の改革にならい、まず将軍・大奥も含めた断固たる倹約令を出して、ぜいたく品や華美な衣服を禁じ、庶民の風俗もまたきびしく取り締まった。ついで江戸の人別改めを強化し、百姓の出稼ぎを禁じて、江戸に流入した貧民の帰郷を強制する**人返しの法**を発し、天保の飢饉で荒廃した農村の再建をはかろうとした。

▶もっと知りたい人のための参考文献

　北島正元『人物叢書　水野忠邦』吉川弘文館　1969年
　藤田覚『天保の改革』(日本歴史叢書新装版)吉川弘文館　1996年
　藤田覚編『史料を読み解く3　近世の政治と外交』山川出版社　2008年

▶**人返しの実態**　天保の大飢饉に伴い、他国生まれの百姓たちが、大量に江戸に流入したことがうかがえる。天保の改革では、江戸の人別改めを強化し、百姓の出稼ぎを禁じて、江戸に流入した人々を強制的に帰農させようとした。

	江戸生まれ	他国生まれ
1832(天保3)年 (54万5,623人)	76.0%	24.0%
1843(天保14)年 (55万3,257人)	70.2%	29.8%

(南和男『幕末江戸社会の研究』による)

▶**水野忠邦**(1794～1851)　浜松藩主。老中首座となり、天保の改革を断行した。上知令の失敗で老中失脚となった。(首都大学東京学術情報基盤センター蔵)

31 株仲間の解散
幕府の物価引き下げ策は成功したのか

江戸幕府の財政再建や直面する内憂外患など，多くの課題に対処するために実施された天保の改革は，大御所であった徳川家斉の死後，12代将軍徳川家慶の治世において老中首座であった水野忠邦によって推進された。この改革を天保の改革と呼ぶが，その一環として株仲間は解散を命じられた。これによって高騰していた物価を抑制するとともに，幕府が直接的に産業を統制しようとしたが，その結果はどうであったのか。

口語訳史料

菱垣廻船積問屋共はこれまで毎年冥加金を上納してきたが，問屋たちの間には不正が行われているという噂もあるので，以後，上納は不要のこととする。これにより，今後は株仲間の成員としての証明になる株札はもちろん，この他すべての問屋・仲間および組合などの名称を名乗ることも禁止とするのでそのことを申し渡せ。

一，右については，これまで右の廻船に積んできた品物はもちろん，すべてどの国から持ってきたどのような品物でも，一般商人の直接取引を認める。また，諸藩の国産品やその他すべての江戸へ送られてきた品にも問屋だけでなく，それぞれ出入りの商人が引き受けて売り捌いてもよいものとするので，そのことを伝えよ。
　　　天保12(1841)年12月

（『天保法制』）

史料を読む

　史料の冒頭に出てくる菱垣廻船は、江戸時代初めに堺の商人によって開始されたといわれる大坂と江戸を結んだ輸送船で、大型の帆船である千石船を利用して木綿、油、酒、醤油など大量の物資輸送を担ってきた。積荷の落下防止のため、ふなべりに菱形の垣を組み合わせたためこのように称されたが、準備に時間がかかるばかりでなく、船足が遅く、海難事故も多くみられた。他方、南海路ではこのほか、1730(享保15)年から樽廻船の営業も開始されたが、菱垣廻船は1694(元禄7)年に江戸で結成された十組問屋と提携して物流機構の一翼を担ってきたのであった。

　問屋には、荷受問屋と荷積問屋があるが、商品ごとの荷受問屋である江戸の十組問屋に対応し、大坂では二十四組問屋と呼ばれる荷積問屋が活躍した。こうして江戸・大坂間の問屋とそれをつなぐ菱垣廻船という江戸時代の商品流通機構が整備された。そして、株仲間というのは、これらの問屋集団に参加していた同業者の組合のことで、これらの連携により海難事故に際して船頭の不正や横暴を抑え、商品と物価の安定供給が保持されるとともに、品質も保たれてきたのであった。

　史料が語るところによれば、このような荷受問屋や荷積問屋は、当時、代表的な株仲間で、幕府には毎年、冥加金を上納してきた。ところが株仲間集団は、商品の買占めや売惜しみなどで不当な利益を得ており、このことを許さず、以後の上納金は不要とし問屋や仲間、組合などと名乗ることも禁止し、解散を命じた。これにより、これまで菱垣廻船で江戸に送られてきた積荷はもちろんのこと、他国から出荷される諸商品のすべてが、「素人」と呼ばれる各地域の在郷商人や新興商人などの一般商人によって直接売買することが可能になったというのである。

史料にまつわる、あれこれ

■なぜ株仲間が結成されたのか

　物価抑制・監視策の一環として株仲間の結成が公認されたのは、18世紀に

入り8代将軍徳川吉宗が実施した享保の改革の時からであった。その後，田沼時代には積極的に株仲間の結成が奨励された。これは，市場経済の発展に伴う商工業者の所得増に着目し，それに対して課税し，幕府の財政基盤の一部にしようと考えられたものであった。

そこで，従来のように農民からの年貢増徴だけに頼ることは，農民の死活問題にもつながり，一揆や打ちこわしの原因にもなるので，幕府は株仲間と呼ばれる商工業者の同業者組合の結成を認め，独占的な営業権を保障する代わりに運上(うんじょう)や冥加金(みょうが)といった営業税の増収を目指したのである。

この頃になると，米の価格が低下する一方，諸物価の上昇がいちじるしく，年貢米を売却して財源を確保してきた幕府や諸藩の領主層，ひいては旗本や御家人などの武士にとって，財政悪化を再建することが大きな課題となった。物価上昇の原因の1つには，人々の暮らしがぜいたくになったことがあげられ，衣食住に関しての倹約令が発せられた。しかし，それだけでは物価の下落はみられない。

■ 株仲間は物価を引き上げていたのか

1841(天保12)年に株仲間の解散に踏み切った水野忠邦であったが，水野は物価騰貴(とうき)の原因をどのようにとらえていたのだろうか。それは，株仲間が市場の商品流通を独占していたためとされている。そして株仲間を解散させ，在郷商人や新興商人らの自由な取引を奨励し，経済活動の活性化をはかることで，物価の引き下げを期待したのであった。

この発想は，水戸藩主徳川斉昭や町奉行に登用された鳥居耀蔵(とりいようぞう)の提案を受けたものであったが，結果的には逆効果であった。なぜなら物価騰貴の原因の1つには，生産地からの商品流通量が減少していた側面があった。そのため，これまで長期間かけて築かれてきた物流ルートを廃止することは，江戸への商品流入を一層困難なものにさせてしまったのであった。

また，注目すべき点として，文政金銀(ぶんせい)や天保金銀(てんぽう)といった劣悪な貨幣の大量発行があったことも見逃せない。幕府の財政は年間40〜50万両以上にのぼる貨幣改鋳の差益による補てんで維持されてきたので，他に財源がみつからない限り，改鋳を中止することは困難であった。幕閣のなかからはこれに対する反対の声も強かったが，財政上それを実現することはできなかった。品位の劣る貨幣を鋳造し続けることにより，物価の上昇は免れないという悪循環におちいってしまったことが真相と言えるだろう。

教科書にはどう書かれているのか
(『詳説日本史』239〜240頁)

　物価騰貴の原因は，十組問屋などの株仲間が上方市場からの商品流通を独占しているためと判断して，**株仲間の解散**を命じた。幕府は江戸の株仲間外の商人や，江戸周辺の在郷商人らの自由な取引による物価引下げを期待したのである。しかし物価騰貴の実際の原因は，生産地から上方市場への商品の流通量が減少して生じたもので，株仲間の解散はかえって江戸への商品輸送量を乏しくすることになり，逆効果となった。

▶もっと知りたい人のための参考文献
岡崎哲二『江戸の市場経済』講談社選書メチエ　1999年
藤田覚『日本史リブレット48　近世の三大改革』山川出版社　2002年

▶**大坂の二十四組問屋**　江戸問屋の十組に対応し，当初は大坂でも十組で結成された。その後，仲間は拡大していき，1784（天明4）年，二十四組江戸積問屋仲間として公認された。

塗物店	江戸組毛綿仕入積問屋	乾物店組	安永四番組
内店組	表店組	瀬戸物店組	安永五番組
通町組	堀留組	明神講	安永六番組
薬種店組	紙店一番組	安永一番組	安永七番組
鉄釘積問屋	紙店二番組	安永二番組	安永八番組
綿買次積問屋	油問屋	安永三番組	安永九番組

▶**江戸の十組問屋**　菱垣廻船での下り物を扱う問屋が海難などに対処するため，1694（元禄7）年，荷受問屋の仲間として商品別に十組が結成された。

塗物店組	綿店組
内店組	表店組
通町組	河岸組
薬種店組	紙店組
釘店組	酒店組

▶**菱垣廻船**（船の科学館蔵）

31　株仲間の解散

主な史料所蔵機関(50音順)

国文学研究資料館　東京都立川市緑町10-3
大学共同利用機関で，1972(昭和47)年に創設された。重要文化財の「春日懐紙(紙背春日本万葉集)・附中臣祐定書状(紙背春日本万葉集)」をはじめ，日本文学の原典資料，真田家・津軽家・蜂須賀家などの旧大名家文書，愛知県・群馬県庁文書などを所蔵している。

彰考館文庫(しょうこうかん)　茨城県水戸市見川1-1215-1
水戸徳川家伝来の大名道具や古文書類を所蔵する徳川ミュージアムの敷地内にあり，水戸藩が『大日本史』編纂のために設けた修史局の史料約3万点を引き継ぎ，研究者を対象に公開している。

静嘉堂文庫(せいかどう)　東京都世田谷区岡本2-23-1
三菱財閥第2代総帥岩崎弥之助とその子で第4代総帥小弥太が収集した約20万冊の古典籍と約5000点の東洋古美術品からなり，国宝7件，重要文化財82件を所蔵している。

天理大学附属天理図書館　奈良県天理市杣之内町1050
幅広く文献を収集しているが，カトリック東洋伝道史料，日蘭交渉史，キリシタン史料や，近世の連歌，俳諧，小説や国学，地誌などが特筆される。「播磨国風土記(三条西家旧蔵)」をはじめ国宝7件，重要文化財82件を所蔵している。

東北大学附属図書館狩野文庫(かのう)　宮城県仙台市青葉区川内
旧制第一高等学校長や京都帝国大学文科大学長を歴任し，志筑忠雄，安藤昌益らを発掘したことでも知られる狩野亨吉の旧蔵書。和漢書古典を主体とする幅広い領域にわたり「古典の百科全書」，「江戸学の宝庫」とも称されている。

東洋文庫　東京都文京区本駒込2-28-21
三菱財閥第3代総帥岩崎久彌が1924(大正13)年に設立した東洋学の研究図書館で，世界5大東洋学研究図書館の1つに数えられる。蔵書数は国宝5件，重要文化財7件を含む約100万冊である。

蓬左文庫(ほうさ)　愛知県名古屋市東区徳川町1001
尾張徳川家の旧蔵書などを所蔵。1978(昭和53)年以降は名古屋市立博物館の分館として書籍の収集・保管，一般公開を行っている。「続日本紀(金沢文庫本)」をはじめとする重要文化財7件を含む約11万点を所蔵している。

第4部
近代・現代

国会議事堂

32 日米修好通商条約
幕府は諸外国とどのような条約を結んだのか

1853（嘉永6）年6月，ペリーに率いられたアメリカ東インド艦隊の軍艦4隻が浦賀沖に来航し，貿易船や捕鯨船の寄港地を日本に求め，開国を要求した。翌年の回答を約束したため，ペリーは，翌年に再び来航した。幕府は，ペリーの強硬姿勢に折れて日米和親条約を締結し，開国した。幕府は，イギリス，オランダ，ロシアとも類似の条約を結び，それまで200年以上続いた「鎖国」の方針を転換することとなった。さらにアメリカは，通商を要求し，交渉の末，1858（安政5）年に日米修好通商条約が締結された。どのような交渉を経て，どのような条約が締結されたのだろうか。

口語訳史料

第3条　下田・箱館港のほか，次に記す場所を示した期日から開港する。
　神奈川　……1859年7月4日
　長崎　　……神奈川と同じ
　新潟　　……1860年1月1日
　兵庫　　……1863年1月1日
　……神奈川港開港の6ヶ月後に下田港を閉鎖することとする。この第3条に記した各地に，アメリカ人が住むことを許可する。
　……日本人とアメリカ人が，物品を売買することはまったく問題なく，決裁方法などについて日本の役人は干渉しない。
第4条　日本で輸出入する物品はすべて，別冊のとおり日本の役所に関税を納める。
第6条　日本人に対して罪を犯したアメリカ人は，アメリカ領事裁判所で取り調べ，アメリカの法律によって処罰する。アメリカ人に対して罪を犯した日本人は，日本の役人による取り調べ，日本の法律によっ

て処罰する。

(『大日本古文書　幕末外国関係文書』)

史料を読む

　史料を読んでみよう。第3条では，日米和親条約で開港された下田・箱館のほかに神奈川（実際に開港されたのは横浜）などを開港することと，開港の期日，神奈川開港後に下田港を閉鎖することなどを取り決め，あわせて自由貿易に関する取り決めをしていることが読み取れる。幕府は，開港地に交易場を設立して役人の立会いのもとに行う管理貿易を提案したが，アメリカに拒否された。これにより，産業革命を成し遂げた先進国の安価で良質な工業製品が大量に輸入され，国内の産業が危機にさらされることになる。これは，日本にとってはいちじるしく不利なものであった。

　第4条は，関税に関する規定で，具体的な税率は「別冊」とあるように附則の「貿易章程」に記されている。関税率は両国の協定で決めることとされ，日本の関税自主権はなかった。

　第6条では，日本で罪を犯したアメリカ人を，日本の法令でなく，アメリカの法令に基づいて，アメリカ人の領事が裁くという領事裁判権（治外法権）を認めた。

史料にまつわる，あれこれ

■通商条約はどのように調印されたのか

　アメリカ総領事として来日したハリスは，蒸気船の発明と利用によって世界情勢が一変したことや，アヘン戦争にみられるイギリスの侵略的態度，アメリカの日本に対する友好姿勢などを強調し，幕府に通商条約調印を強く求めた。下田奉行井上清直と目付岩瀬忠震が幕府側の全権委員となってハリスとの交渉に臨み，条約案がまとめられた。

日本国内では，通商条約をめぐってはげしい対立が起こったため，堀田正睦は，対立を避けるために朝廷に条約調印の勅許を求めたが，堀田の予想に反して，孝明天皇が条約調印に強く反対し，勅許は得られなかった。1858（安政5）年，清国がアロー戦争でイギリス・フランスに敗れると，ハリスはイギリス・フランスの脅威を説いて条約調印を迫ったので，同年4月に大老に就任した井伊直弼は，やむを得ず，勅許を得ないまま日米修好通商条約に調印した。ついで，オランダ・ロシア・イギリス・フランスとも類似の条約を結んだ。

■ どのような点で不平等だったのか
　近代の主権国家が関税率を決定することや，領域内で裁判権を行使することは当然の原則であるが，史料を読んでわかるように，この条約では，これらの原則を欠いていた。他の4カ国との条約も同様であり，日本にとって不利な条約を結ばされたのである。
　明治時代になってから，日本政府はこの不平等条約の改正のために努力をするが，列国は一度手にした有利な条件を容易に手放さなかった。領事裁判権は，法令や裁判制度の整備が進んだ1899（明治32）年に撤廃されたが，関税自主権の回復は，1911（明治44）年のことである。

■ 天津条約との違いは何か
　日本にとって不平等な条約ではあったが，清国とイギリス・アメリカ・フランス・ロシアとの間に締結された天津条約と比較して，考えてみよう。日米修好通商条約では，外国商人の自由な内地旅行や居留地以外での商行為が禁止されていることなど，天津条約にはない日本にとって有利な条項が含まれていた。これは，日本側の強い要求で入れられたものであるが，この条約が清国のように戦争に敗れた結果ではなく，いわゆる「交渉条約」であったため，日本側の要求を入れることができたのである。
　日本も清国やその他アジア諸国とともに，資本主義の自由貿易体制に組み込まれていくが，その後の歩みの違いを，締結した条約の内容の違いからも考えることもできる。

教科書にはどう書かれているのか

(『詳説日本史』252〜253頁)

　1858(安政5)年，清国がアロー戦争の結果として，イギリス・フランスと天津条約を結ぶと，ハリスはイギリス・フランスの脅威を説いて通商条約の調印を強くせまった。大老**井伊直弼**は勅許を得られないまま，同年6月に**日米修好通商条約**の調印を断行した。

　この条約には，(1)神奈川・長崎・新潟・兵庫の開港と江戸・大坂の開市，(2)通商は自由貿易とすること，(3)開港場に居留地を設け，一般外国人の国内旅行を禁じることなどが定めてあった。さらに，(4)日本に滞在する自国民への領事裁判権を認め(**治外法権**)，(5)日本の関税についても日本に税率の決定権がなく，相互で協議して協定関税を定めた(**関税自主権の欠如**)不平等条約であった。

▶もっと知りたい人のための参考文献

　石井孝『日本開国史』吉川弘文館　1972年
　加藤祐三『黒船前後の世界』ちくま学芸文庫　1994年
　加藤祐三『幕末外交と開国』講談社学術文庫　2012年
　上垣外憲一『勝海舟と幕末外交』中公新書　2014年

◀ハリス(1804〜78)　初代アメリカ駐日総領事。アロー戦争中に，清国が天津条約を結んだことを機に江戸幕府に通商を迫り，日米修好通商条約の調印に成功した。(玉泉寺蔵)

▲井伊直弼(1815〜60)
(豪徳寺蔵)

33 王政復古の大号令
王政復古が行われたのはなぜか

　武力で江戸幕府を倒そうとする動きが強まるなか，1867(慶応3)年，土佐藩の山内豊信(容堂)・後藤象二郎から，大政奉還による朝廷への政権移行と，諸大名の会議による国家体制を目指す公議政体論が出された。将軍徳川慶喜は倒幕派の機先を制し，10月14日に朝廷に政権を返上する大政奉還を申し出て翌日受理されるが，薩摩・長州の両藩は，同じく14日に公家の岩倉具視らと連携して朝廷から「討幕の密勅」を得た。大政奉還後，薩長両藩の武力倒幕論と土佐藩などの公議政体論との対立もあったが，倒幕派は藩兵を動員して12月9日にクーデタを決行し，王政復古の大号令を発した。倒幕派は，なぜ王政復古の大号令を発したのだろうか。

口語訳史料

　内大臣徳川慶喜が，これまで天皇から御委任されていた政権の返上と，将軍職の辞退を申し出ていたが，この2つのことを，天皇は確かにお聞き入れになられた。嘉永6年(ペリーが来航した1853年)以来，いまだかつてない困難が続き，先の孝明天皇が大御心を悩ませられていた事情は，人々の知るところである。そこで(明治天皇は)お考えを決められて，王政復古，国威挽回の基本をお立てになった。今からは摂政・関白・幕府などを廃止し，直ちにまず仮に総裁・議定・参与の三職を置かれ，政治を行われることになった。すべて神武天皇がこの国を始められた時のようにし，公卿・武家・殿上人・一般の区別なく正当な論議を尽し，国民と喜びと悲しみをともにされるお考えなので，おのおの勉励し，従来のおごり怠けた悪習を洗い流し，忠義をつくして国に報いる誠の心をもって奉公するように。……
(『明治天皇紀』)

史料を読む

　史料を読んでみよう。冒頭に徳川慶喜が政権を返上したこと，1853（嘉永6）年のペリー来航以来の未曾有の難局に先帝の孝明天皇が悩まれたことなどを述べたあと，明治天皇が王政復古と国威挽回の基本を立てたことを宣言している。

　ここでいう「復古」は，神武天皇が国を始められた時（「神武創業」）に戻るということで，天皇以外のすべての制度を否定することでもある。そこで，摂政・関白・幕府などを廃止して，仮に総裁・議定・参与の三職を置いて政治を行うことにしたということが述べられている。また，身分を問わず議論を尽くすという，公議政体の思想も盛り込まれていることが読み取れる。

史料にまつわる，あれこれ

■ 王政復古が企てられたのはなぜか

　1866（慶応2）年に土佐藩の坂本龍馬の仲介で薩長同盟が結ばれた後，長州の木戸孝允，薩摩の西郷隆盛・大久保利通らによって武力倒幕が計画された。

　倒幕派の蜂起準備が進むなか，これに対抗して武力によらない政治改革の計画が立案された。土佐藩が工作し，1867（慶応3）年6月下旬に薩土盟約が結ばれた。坂本龍馬が作成した「船中八策」をもとに，幕府が大政奉還をするという武力によらない構想が提起されたが，両藩の思惑の違いにより，盟約は9月に解消された。しかし，この構想は，土佐藩による大政奉還建白書に受け継がれていった。10月初旬に土佐藩は大政奉還を徳川慶喜に建白し，これを受けて慶喜が10月14日，大政奉還を朝廷に申し出て受理された。

　慶喜はどのような意図で，大政奉還を実行したのだろうか。慶喜の真意は明らかではないが，「大政」を返還して一諸侯となり，改めて諸侯の筆頭として実権を握るという意図で，土佐藩の公議政体論に乗ったのではないかと考えられる。

大政奉還直後，朝廷の命に応じて11月中に上京したのは，薩摩・安芸・尾張・越前の4大藩のほかは近畿の小大名十数藩に過ぎず，12月に入っても上京したのは土佐藩のほか数藩のみで，他の諸藩ははっきりとした態度をとらなかった。このような状況下で，武力倒幕派の岩倉具視や西郷隆盛，大久保利通らが，王政復古のクーデタを計画したのである。

■ 王政復古はどのように進められたか

　1867（慶応3）年12月9日，薩摩・土佐・安芸・尾張・越前の藩兵が宮門（九門）を固め，御所を警護するなか，突如，倒幕派による王政復古のクーデタが実行された。

　12月9日正午，小御所に廷臣と大名が招集され，王政復古の宣言があり，摂政・関白ならびに幕府の廃絶と三職の設置が伝えられた。休憩をはさんで，内覧・武家伝奏・京都所司代など，伝統的旧体制の廃絶を宣言し，さらに，三職などの任命があった。

　将軍職は廃止されても，慶喜は内大臣の職にあり，圧倒的な規模の所領を持っていたため，12月9日の夜，小御所で会議を開き，慶喜の辞官（内大臣の辞退）・納地（所領の返上）を強引に決定した。この決定に山内豊信や越前の松平慶永らの公議政体派は不満を持ったが，岩倉具視らは，天皇の権威を振りかざしてこれを押し切った。

　公議政体派も，12月下旬にかけて巻き返しをはかり，慶喜は大坂城に移ってその周辺を旧幕府軍で固め，政権の所在は，依然，徳川氏にあるかのようにふるまった。年が明けて1868年1月3日，鳥羽・伏見の戦いに端を発する戊辰戦争が始まり，新政府軍（官軍）と旧幕府軍が雌雄を決することとなった。

　王政復古の大号令は，史料を読んでわかるように，神武天皇が国を始められた時に戻ることを目指すものであり，天皇以外のすべての制度や慣行，組織などを否定して，新しい時代を築こうという宣言である。改革をしようとする時，歴史をさかのぼって「復古」を目指すことがある。後醍醐天皇が，醍醐天皇の延喜の治の天皇親政を理想とし，自らを「後醍醐」としたことなどがあげられるが，神武天皇の時代への「復古」を目指し，それ以後の時代を否定しようとすることから，急進的な改革を進めようとしたことがわかる。

教科書にはどう書かれているのか　　　(『詳説日本史』258〜259頁)

　大政奉還の上表で機先を制せられた倒幕派は，12月9日，薩摩藩などの武力を背景に朝廷でクーデタを決行し，**王政復古の大号令**を発して，天皇を中心とする新政府を樹立した。これをもって，江戸幕府の260年以上にわたる歴史に終止符が打たれた。新政府は，将軍はもちろん，朝廷の摂政・関白も廃止して，天皇のもとに新たに総裁・議定・参与の三職をおき，参与に薩摩藩やそのほか有力諸藩を代表する藩士を入れた雄藩連合の形をとった。

　さらに12月9日夜の三職による**小御所会議**では，徳川慶喜に内大臣の辞退と朝廷への領地の一部返上(辞官納地)を命じる処分が決定されたため，反発した慶喜は京都から大坂城に引き上げ，新政府と軍事的に対決することになった。

▶もっと知りたい人のための参考文献

佐々木克『戊辰戦争』中公新書　1977年
井上勲『王政復古』中公新書　1991年
松尾正人『日本史リブレット人69　徳川慶喜』山川出版社　2011年
家近良樹『徳川慶喜』(人物叢書新装版)吉川弘文館　2014年

▲小御所会議(王政復古〈島田墨仙筆〉，聖徳記念絵画館蔵)

33　王政復古の大号令

34 五箇条の誓文
明治政府はどのような国づくりをしようとしたか

1868(明治元)年1月の鳥羽・伏見の戦いで、新政府軍が旧幕府軍を破り、4月には江戸城を無血開城させた。さらに、新政府軍は、奥羽越列藩同盟を結成して抵抗した東北諸藩を破り、翌1869(明治2)年5月には、箱館に「蝦夷島政府」を樹立した旧幕府海軍副総裁榎本武揚の軍を降伏させた。この内戦は戊辰戦争と呼ばれるが、その最中の1868(明治元)年3月に、新政府は五箇条の誓文を発布し、新政府の基本方針を示した。五箇条の誓文とはどのようなもので、どのような意図で発布されたのだろうか。

口語訳史料

(1)一 広く会議を開いて、大切なことがらは公平な議論によって決めよう。
(2)一 身分の高い者も低い者も心をあわせて、国を治めよう。
(3)一 公家と武家が一体となり、庶民に至るまで、それぞれの志を遂げられるようにし、人々が希望を失わないようにしよう。
(4)一 昔からの悪い習慣をやめ、世界の正しい道理に基づいて行動しよう。
(5)一 知識を世界から取り入れて、大いに国を発展させよう。

(『明治天皇紀』)

史料を読む

　史料を読んでみよう。説明の都合上，(1)〜(5)の番号をつけたが，第1条は，会議による公論によって重要事項を決定することを宣言し，第2・3条では，身分の上下にかかわりなく，全人民の一致を求めた。第4条で，古くからの悪い習慣（「陋習（ろうしゅう）」）をやめて，世界の正しい道理，すなわち欧米の価値観を受け入れるとした。第5条で，知識を世界（＝欧米）から取り入れ，天皇を中心とする近代国家の基礎（「皇基（こうき）」）を築くという宣言をしている。当時は外国人殺傷事件があいついで発生しており，新政権が列強から支持を得るためにも，第4・5条のような，開明的な文言が必要だったのであろう。

　なお，5カ条からなり，天皇が神々に誓約する形をとったので，「五箇条の誓文（御誓文）」と呼ばれているが，有栖川宮熾仁親王（ありすがわのみやたるひと）の筆による原本（京都御所東山御文庫（ひがしやまごぶんこ）蔵）には，表題はない。

史料にまつわる，あれこれ

■ 誓文はどのように成立したか

　誓文は，明治政府の基本方針を示したものであるが，その成立は，当時の政治状況を色濃く反映している。1868（明治元）年1月の鳥羽・伏見の戦い後に諸侯の動揺もあり，新政府軍による江戸総攻撃が目前に迫るなかで，木戸孝允（たかよし）が新たな国の基本方針を公表することを提案した。

　誓文の草案は，1月に諸侯の結束をはかるための諸侯会盟の綱領として，越前藩士由利公正（ゆりきみまさ）が執筆し，土佐藩士福岡孝弟（たかちか）が修正したものである。それを3月に入って木戸孝允が加筆し，最終的には岩倉具視や三条実美（さねとみ）が加わって仕上げられた。

　修正・加筆により，語句が改められたが，とくに注目されるのは，「列侯（れっこう）会議を興し」が「広ク会議ヲ興シ」に改められたことである。「列侯会議」は公議政体論（藩を政治単位として国事の決定過程を制度化し，政治統合をはかろうとする）によるものであり，倒幕派は，土佐藩主山内豊信（とよしげ）や越前藩主松

平慶永らによる公議政体論を超える構想を持っていなかった。そこで，公議政体論による「列侯会議」ではなく，「広ク会議」として，より広く意見を求めるという形にしながら，新政権に諸勢力を結集しようとしたのである。

■ どのような儀式が行われたか

由利・福岡案では，天皇が諸侯と盟約するというものであったが，諸侯との盟約に対して公卿層からの反発が強く，木戸らによって，天皇が群臣を率いて神々に誓うという形式に改められた。公布に際して明治天皇は紫宸殿において親王・公卿・諸侯以下を率いて神々を祭り，三条実美が「御祭文」を読み上げた。天皇が「神拝」したのち，三条が神に向かって「御誓書」を読み上げ，公卿・諸侯が１人ずつ神を拝み，天皇を拝んだのち誓書に署名した。これは神道の形式であるが，天皇を中心にすえた新たな形式であり，天皇による復古主義の儀礼が創出されたことがわかる。

■ 国民に対してどのような方針を示したか

五箇条の誓文と同日に，「国威宣揚の宸翰」(木戸孝允起草)が発せられた。これは，全国民を安泰にし(「億兆安撫」)，日本の勢いを諸外国に知らしめること(「国威宣布」)を宣言したものである。天皇は，国の命運に直結した存在であり，天皇を中心に国の命運を切り開くために，上下一致，旧来の悪い習慣の打破，開国進取，富国強兵などが必須の課題であることを強調した。これは，天皇が国家・国民に対する基本的なスタンスを明らかにした上で，五箇条の誓文の理念を国民に示したものである。宸翰は，総ふりがなを付して公布されており，国民に広く普及させようとする意図がうかがえる。

誓文の発せられた翌日に，五榜の掲示が出された。「永世の法」である第１～３札には，儒教道徳の五倫をすすめて悪業を戒め，徒党・強訴・逃散を禁じ，切支丹・邪宗の禁制が示された。「一時の榜示」である第４札と第５札には，万国公法の履行と外国人殺傷の禁止や，所属する藩や県からの脱走禁止が示された。五箇条の誓文や「国威宣揚の宸翰」は内外の政治勢力を意識したものであるが，五榜の掲示は新政府の民衆支配の方針を表明したものであると言える。これらをあわせて読み解くことにより，新政府の方針を多面的に理解することができる。

教科書にはどう書かれているのか

（『詳説日本史』261頁）

　戊辰戦争が進む中で，新政府は政治の刷新を進めた。まず1868（明治元）年1月には諸外国に対して王政復古と天皇の外交主権掌握を告げて対外関係を整え，ついで3月には**五箇条の誓文**を公布して，公議世論の尊重と開国和親など新政府の国策の基本を示し，天皇が公卿・諸侯・もろもろの官を率いて神々に誓約する形式をとって天皇親政を強調した。

（『詳説日本史』262頁）

　一方で政府は，五箇条の誓文公布の翌日，全国の民衆に向けて**五榜の掲示**を掲げた。それは君臣・父子・夫婦間の儒教的道徳を説き，徒党・強訴やキリスト教を改めて厳禁するなど，旧幕府の対民衆政策をそのまま引き継いでいた。

▶もっと知りたい人のための参考文献

田中彰『近代天皇制への道程』吉川弘文館　1979年
井上勝生『シリーズ日本近現代史①　幕末・維新』岩波新書　2006年
川田敬一『『五箇条の御誓文』を読む〔改訂版〕』錦正社　2011年

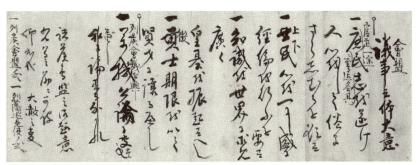

▲「五か条の誓文」の草案　由利公正の原案「議事之体大意」に福岡孝弟が加筆して「会盟」としたもの。福岡案の「列侯会議を興し」は，この後，木戸によって「広ク会議ヲ興シ」とかえられた。（福井県立図書館蔵）

35 徴兵告諭
国民皆兵はどのようにして実現したか

富国強兵を目指す明治新政府は，直轄軍の設立を課題としていた。1871(明治4)年には，廃藩置県の断行に備えて薩摩・長州・土佐の3藩から親兵を募ったが，長州出身の大村益次郎は，国民皆兵による近代的な軍隊を創設する必要性を主張した。その後，大村は暗殺されたため，山県有朋がこれを引き継ぎ，1872(明治5)年11月，徴兵告諭が発せられ，翌年1月に徴兵令が公布された。それまでの身分にかかわらず，すべての国民が兵役につく体制は，どのようにして実現したのだろうか。

口語訳史料

……明治維新の版籍奉還で藩主は領地を朝廷へ返上し，辛未の年(1871年)には廃藩置県によって昔の郡県制に戻った。代々仕事もせずに生活してきた武士は，その家禄が減らされ，刀剣を差さなくてもよくなり，士農工商の四民にようやく自由の権利を獲得させようとしている。これは身分の上下をなくして人民を平等にする道であり，武士と百姓を一つにあわせるもとである。これにより，武士は今までの武士ではなく，人民は今までの人民ではなく，同じように皇国一般の人民であり，国に報いる道もその違いはなくなった。およそこの世のなかのすべての物事で，税のかからないものはない。その税は国のために用いられる。それならば人である以上は，初めから心も体も尽くして国に報いなければならない。西洋人はこれを血税と呼んでいる。その生き血によって国に報いるということである。……

(『法令全書』)

史料を読む

　史料を読んでみよう。旧来の武士を，代々仕事もせずに生活をしていたと強く批判し，明治維新によって，武士の家禄の支給が減らされ，刀を差さなくてもよくなり，武士と庶民の身分の差もなくなったと述べている。そして，武士も百姓も同じ人民として，人民は国のため尽くさなければならず，このことを西洋人は血税と呼んでいるとしている。徴兵令発布に先立ち，国民皆兵の原則を周知したものであることがわかる。

史料にまつわる，あれこれ

■徴兵令はどのように制定されたか

　近代的な軍隊建設を目指し，徴兵制度の準備を進めていた大村益次郎が，1870(明治3)年に兵制改革に反対する旧長州藩士らによって暗殺されたため，その遺志を継いだ山県有朋が中心となり，フランスにならった徴兵制度の制定を進めた。

　徴兵告諭は，1872(明治5)年11月28日に発せられ，翌年1月10日には徴兵令が発布された。太陽暦の採用により，1872(明治5)年12月2日の翌日が1873(明治6)年1月1日になったため，徴兵令は徴兵告諭の半月後に出されたことになる。山県の案では，当面貧しい者を除外し，家産があって豊かな者や禄を受けている士族を徴兵するというものであったが，後藤象二郎が議長を務める左院では，四民平等の立場からこのような過渡的な制度の実施に対する反対があった。そのため，修正が必要となり，徴兵告諭と同時に行われるはずであった徴兵令の発布が半月後となったのである。

　徴兵令により，北海道と沖縄を除く17歳から40歳までの男性は兵籍に登録され，満20歳で徴兵検査を受けることとなった。徴兵検査の合格者から抽選で，3年間の兵役に服させ，現役終了後，さらに4年間の後備軍として服役し，戦時召集に応じることを義務づけられた。

　徴兵令が発布されると，反対一揆が頻発した。この一揆は，徴兵告諭で徴兵を「血税」としたことから，血税一揆と呼ばれる。血税一揆は，1873(明治6)

年に17件，翌年に2件起こったが，最大のものは，1873（明治6）年5月の北条県（岡山県美作地方）の一揆である。中農層の呼びかけにより，一揆に参加した者は2万6916人に達し，うち15名が死刑，64名が懲役となった。一揆は，徴兵令を中心に，学制，地租改正，部落解放令などの新政府の政策への反対を掲げ，小学校や戸長，被差別部落などを襲撃した。徴兵令だけでなく，農民の負担増大につながる新政府の政策に対する不満や不信も，一揆の動機であったようである。

■ どのような人々が兵役に服したか

　徴兵令により，それまでの身分にかかわらず，満20歳の男性から選抜された者が，兵役につく体制が確立した。しかし，実際には多くの免除規定があった。免除規定は，大きくわけると次のようになる。①身長が155cm未満や病弱，身体に障害のある者，②官吏，所定の学校の生徒，洋行修行者，③戸主とその相続者や養子，④犯罪者，⑤代人料270円を納めた者である。

　②は官吏や将来官吏になることが想定される特定の学校の生徒，海外に留学して学んでいる者などに対する規定で，官吏に特権が与えられていたことがわかる。③については，家の中心である戸主やその継承者に特権を与え，家を維持しようとしていたことが読み取れる。④は，兵役を国民の名誉ある義務としているから犯罪者は除外した。⑤の代人料はかなりの高額であった。そのため，代人料の支払いによって徴兵を免除された者は，1876（明治9）年度には39人，翌年度には23人に過ぎなかった。このような免除規定のため，兵役についた者の多くは，農家の次男や三男などであった。なお，実際に現役兵として入営する若者が同世代の若者のなかに占める割合は，1877（明治10）年で3.5%，1888（明治21）年の時点でも4.6%であった。この割合が高くなるのは，日清戦争以降のことである。

　免除規定を活用して，徴兵を逃れようとする者が多く，分家して戸主になったり，他家の養子になったりしたため，「徴兵養子」や「兵隊養子」という言葉も生まれた。また，『徴兵免役心得』などの徴兵忌避の手引書も発行された。ちなみに，伊藤博文の娘婿で，第4次伊藤内閣で内務大臣を務めた末松謙澄は，代人料270円を納めて免除となった。司法官僚から検事総長となり，田中義一内閣・犬養毅内閣で内務大臣となった鈴木喜三郎は，代人制廃止後に徴兵養子となって兵役を逃れている。徴兵忌避を取り締まる警察を管轄する内務大臣が，合法的であるとはいえ，徴兵を逃れていたという興味深い事

例である。

　その後，1879(明治12)年，1883(明治16)年の改正で免除条件がしだいに制限され，兵役義務を定めた大日本帝国憲法制定に伴う1889(明治22)年の改正で，国民皆兵の原則が確立した。徴兵令は，1927(昭和2)年の兵役法制定により廃止された。

> **教科書にはどう書かれているのか**　　　　　　　　　　(『詳説日本史』264頁)
>
> 　近代的な軍隊の創設をめざす政府は，1872(明治5)年の**徴兵告諭**にもとづき，翌年1月，国民皆兵を原則とする**徴兵令**を公布した。これにより，士族・平民の別なく，満20歳に達した男性から選抜して3年間の兵役に服させる統一的な兵制が立てられた。

▶もっと知りたい人のための参考文献
　　大江志乃夫『徴兵制』岩波新書　1981年
　　藤村道生『山県有朋』(人物叢書新装版)吉川弘文館　1986年
　　加藤陽子『徴兵制と近代日本　1868—1945』吉川弘文館　1996年
　　吉田裕『日本の軍隊』岩波新書　2002年

▲『徴兵免役心得』(1879〈明治12〉年，国文学研究資料館蔵)

▲青年たちを徴兵検査場へつれていく戸長(こちょう)(毎日新聞社提供)

35　徴兵告諭　147

36 学事奨励に関する太政官布告―被仰出書

教育の目的は何だったか

近代国家を建設するためには、人材の育成と国民の教化が急務であると考えた明治政府は、教育制度づくりに着手し、1871(明治4)年には、中央政府の教育行政機関として文部省を設置した。文部省の最初の大きな事業は、学制の制定であった。1872(明治5)年、学制に先立って発布されたのが「学事奨励に関する太政官布告―被仰出書」で、明治政府の教育に関する方針が示されている。明治政府は、どのような方針で、教育政策を行おうとしたのだろうか。

口語訳史料

　人々が自ら身を立て、生計を立て、生業を盛んにし、その人生を全うすることは、ほかでもなく、行いを正し、知識を広め、才能や技芸を磨くことによって達成される。そして、行いを正し、知識を広め、才能や技芸を磨くことは学問によって可能となる。これが学校を設置した理由である。……人は才能のある分野の勉学に励むことによって、はじめて生活を安定させ、財産を増やし、事業を盛んにさせることができる。だから、学問は、身を立てることの資本ともいうべきものであり、人として生まれた以上は、誰もが学ばなければならないのである。……これからは、華族も士族も、農工商及び女性も、必ず村には学んでいない家庭はなく、家庭には学んでいない人がいないようにしたい。人の父兄である者は、よくよくこの考えを理解し、子弟を慈しみ、教育への熱意を厚くして、子弟を必ず学校に通わせなければならない。高尚な学問については、その人の能力に任せるが、幼い子弟について男女問わず小学校に通わせないのは、その父兄の責任を問われる……　　　　　（『法令全書』）

史料を読む

　この史料は，学制の前文とも言えるものである。史料を読んでみよう。
　まず，教育の目的を，立身出世や家業を繁栄させるために知識や技術を身につけることとしている。実学重視の教育を構想していたことが読み取れる。そして，「必ず邑(むら)に不学の戸なく，家に不学の人なからしめん事を期す(必ず村には学んでいない家庭はなく，家庭には学んでいない人がいないようにしたい)。」という強い表現で，身分にかかわりなく，すべての人が教育を受けなければならないとしている。また，子どもを学校に通わせることは，親の責任であるということも明記している。

史料にまつわる，あれこれ

■ どのような教育をしようとしたか

　明治政府は近代化のため人材を育成する必要から，教育制度の整備を進めた。初めは，大学(校)に最高学府と中央教育機関としての機能をあわせて持たせていたが，廃藩置県直後の1871(明治4)年7月に文部省が設置され，全国に実施する学校制度の準備が始められた。欧米の教育制度を取り入れた学制が，明治5(1872)年8月3日に発布されたが，その前日に学事奨励に関する太政官布告で，教育政策の基本方針が示された。
　この基本方針は，4つの柱からなっている。第一は，「必ず邑に不学の戸なく，家に不学の人なからしめん事を期す」という文言にあるように，すべての国民を教育の対象とする「国民皆学(かいがく)」の方針である。そして，高等の学問は本人の才能に任せるが，小学校では男女の別なく，すべての子どもに学ばせる必要があるとした。第二に学ぶ目的は，個人の立身出世や家業の繁栄のために，身を修め，智を開き，才芸をのばすことにあるとした。第三は教育内容で，実学(じつがく)の重視である。読み書き計算をはじめ，法律・政治・天文・医療など，人間としての営みに必要な知識・技術を学ぶことが大事であるとした。第四は教育費に関するもので，受益者負担を原則とした。国から経費が得られないからといって，学問を棄てるのではなく，他の事を投げうってで

も自ら学ぶようにと呼びかけている。

　学問で身を立てるということや，実学重視の考え方は，1872(明治5)年2月に初編が発行され，一大ベストセラーとなった福沢諭吉の『学問のすゝめ』(偽版を含めて70万部が発売された)から学んだ跡が，はっきり表れている。

■ **実際にはどうだったか**

　学制は，欧米の制度に学んでいるが，一国のみの制度を模範としたのではなく，学区制はフランス，教育課程はアメリカ，そのほかについてはオランダの影響を受けている。

　学制の実施にあたって，とくに小学校の設置に力を入れた。全国を8大学区にわけ，各大学区に大学校1，中学校32，各中学区に小学校210を設ける規定であったので，予定では全国の小学校は5万3760校となり，当時の人口約600人に1小学校の割合であった。しかし，これは机上のプランに過ぎず，実現できなかった。ちなみに，2016(平成28)年の全国小学校数は1万9943校である(文部科学省学校基本調査)。

　教育費は受益者負担とされたので，民衆にとって大きな負担となった。その当時，子どもは生計を支える大事な労働力であり，費用を負担して学校に通わせることは難しかったようである。出席率を考慮した推定就学率は，1873(明治6)年に23％，3年後に29％になったあとは伸び悩んだ。この数値は，幕末の寺子屋などへの就学率と大差はなかった。

　小学校の建設費も地域住民の負担とされたので，大半は寺子屋を改造したものからスタートした。その後，各地の小学校で校舎が建設されるようになり，個性的なものもみられた。長野県松本市に現存する開智学校校舎は，地元の大工の棟梁が，東京の洋風建築を模して設計・施工し，1876(明治9)年に完成した擬洋風建築である。静岡県磐田市の見付学校の校舎は現存する擬洋風建築校舎としては最古のもので，1875(明治8)年に名古屋の宮大工が設計・施工したものである。

　教科書は，寺子屋の時代からの往来物(『庭訓往来』などの往復書簡など手紙類の形式をとって作成された教科書)が使われることが多かったが，先進諸国の書物の翻訳や福沢諭吉の『学問のすゝめ』『西洋事情』なども用いられた。

　学制は，計画が画一的で，教育内容も当時の国民生活とはかけ離れたものであった。そのため，多くの批判があり，1879(明治12)年に教育令が公布され，学制は廃止された。

教科書にはどう書かれているのか

(『詳説日本史』270頁)

　教育の面では、1871(明治4)年の**文部省**の新設に続いて、翌72(明治5)年に、フランスの学校制度にならった統一的な**学制**が公布された。政府は、国民各自が身を立て、智を開き、産をつくるための学問という功利主義的な教育観をとなえて、**小学校教育**の普及に力を入れ、男女に等しく学ばせる国民皆学教育の建設をめざした。

▶**もっと知りたい人のための参考文献**
　山住正巳『日本教育小史――近・現代――』岩波新書　1987年

▶**旧見付学校**(磐田市教育委員会提供)

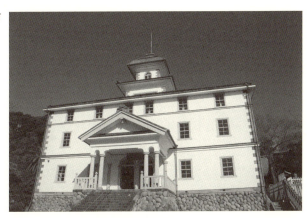

▶**「師範学校小学教授法」にのる算術の授業方法**　正解の児童には右手をあげさせるよう説いている。(国立国会図書館)

37 民撰議院設立の建白
自由民権運動はどのように始まったか

1873(明治6)年,西郷隆盛・板垣退助らは,「鎖国政策」をとる朝鮮に開国を迫り,朝鮮が拒否した場合は,武力行使を行うという征韓論を主張した。大久保利通らが欧米視察から帰国すると,征韓論は否決され,西郷・板垣らは参議を辞職して下野した(明治六年の政変)。

下野した元参議たちは,士族たちの不満を背景に新政府批判を展開した。板垣らは愛国公党を設立するとともに,民撰議院設立の建白書を左院に提出して政府を批判し,議会の設立を求め,これが自由民権運動の口火となった。その建白書では,どのような主張がなされ,どのような影響をもたらしたのだろうか。

口語訳史料

政治の実権を握っているのは誰かと考えると,皇室や人民ではなく,有司(上級の役人)だけのものになっているようである。……政府の命令が頻繁にかわり,政治が個人的な感情で行われ,賞罰は好き嫌いで決められている。言論発表の道がふさがれており,苦しみを告げることもできない。……私たちは国を愛する気持ちを抑えることができず,この状況から国を救う道を考えたが,それは,国の行く末について,多くの人々で考えるしかなく,そのためには民撰議院を設立するほかない。つまり,上級の役人の権限を制限することで,皇室や人民を安全で幸福な状況にすることができる。私たちはこのことを主張したい。政府に税を納めている人民は,政府が行う政治についてあらかじめ知り,それが良いか悪いか議論する権利を持っている。……

(『日新真事誌』)

史料を読む

　建白とは，人々が政府に対して，政策の提案を行うことで，政府に直接意見を伝える重要な手段であった。この建白書も，合法的な手続きで提出されたものである。

　史料を読んでみよう。現在の政治の実権を握っているのは皇室や人民ではなく，有司（上級の役人）であるとして，有司による権力独占（「有司専制」）を批判している。そして，このような状況から国を救うための唯一の道は，選挙によって選ばれる議会，すなわち「民撰議院」を設立することであり，これによってすべての人々を安全で幸福な状況にすることができると主張している。さらに，租税を納めている人民には，政治について知り，議論する権利を持っていることも述べている。

史料にまつわる，あれこれ

■運動はどのように始まったか

　民撰議院設立の建白書は，1874（明治7）年1月17日，立法機関である左院に提出された。提出者は8名で，うち4名は前年10月の政変で下野した元参議の板垣退助，後藤象二郎，江藤新平，副島種臣，他の4名は海外渡航経験のある元官吏の小室信夫，古沢滋，由利公正，岡本健三郎である。征韓論で下野した参議のうち，西郷隆盛は建白に参加していない。

　彼らは建白書の提出に先立つ1月12日に，副島邸で，最初の自由民権派の結社となる愛国公党を設立した。党の綱領である「愛国公党本誓」を作成し，民撰議院を設立することが当面の政治課題であることをうたって誓約した。この主張を具体的に実行するため，民撰議院設立の建白書が起草された。建白書は，古沢滋が起草した原案をもとに修正して作成されたものである。

　建白書提出の翌日に，イギリス人ブラックが発行していた新聞『日新真事誌』に建白書の全文が掲載された。『日新真事誌』は，「左院御用」のお墨つきを得て，左院の議事や左院に提出された建白書を掲載する特権を持っていた。新聞紙上に建白書が掲載されたことにより，建白書に対する賛成・反対それ

それの立場による意見が新聞・雑誌に掲載され，論争となった。

　民撰議院設立について，板垣らは，すべての国民の自由で平等な政治参加を求めたのではなく，「士族及び豪家の農商」に資格を限るとしており，幕末以来の公議輿論思想の延長とも言えるもので，五箇条の誓文の「万機公論に決すべし」の趣旨と大きく異なるものではなかった。しかし，租税を納めている国民一人ひとりに参政権を持たせるという構想は広く支持を得て，政府に対して議会の開設を要求するという自由民権運動の出発点となった。

■ 政府はどう対応したか

　民撰議院設立の建白書で主張された議会の開設については，幅広い支持があったが，つい最近まで政府の要職にあった元参議たちが政府を攻撃することに対する批判が高まり，建白書提出者の多くが帰郷した。そのため，愛国公党は自然消滅することとなった。江藤新平は，佐賀に帰ってまもなく不平士族にかつがれて，1874（明治7）年2月の佐賀の乱の指導者となり，敗北して処刑されたが，高知に帰った板垣退助らは，立志社を結成して自由民権運動を展開した。

　各地に設立された民権結社の連合組織として，愛国社が設立され，1875（明治8）年2月22日に大阪で創立大会が開かれた。愛国社の設立により，自由民権運動が全国的に広がることが期待されたが，板垣は，愛国社創立大会の前に大阪で，前年の台湾出兵を批判して政府を去った木戸孝允や，政府首脳である大久保利通，伊藤博文らと断続的に会談を行った（大阪会議）。これは，木戸孝允を政府に復帰させることを目的とする会談であったが，木戸が板垣との提携をはかり，板垣とともに復帰することを求めたため，板垣もこれに乗ることにした。愛国社創立大会直後の1875（明治8）年3月12日，板垣は参議に復帰し，その後，後藤象二郎も元老院副議長として政府に復帰したので，愛国社の活動は実質的に行われなくなった。

　政府は，1875（明治8）年4月14日，木戸の意見により漸次立憲政体樹立の詔を発し，時間をかけて立憲体制に移行することを表明した。一方で，政府は，新聞や雑誌で政府批判を展開する民権運動家たちの活動に対しては，讒謗律や新聞紙条例を制定するなどして，きびしい取り締まりをした。

教科書にはどう書かれているのか

(『詳説日本史』274～275頁)

　板垣退助・後藤象二郎は，愛国公党を設立するとともに，イギリス帰りの知識人の力を借りて作成した**民撰議院設立の建白書**を左院に提出し，政府官僚の専断(有司専制)の弊害を批判して天下の公論にもとづく政治をおこなうための国会の設立を求めた。これは新聞に掲載されて世論に大きな影響を与え，**自由民権運動**の口火となった。

▶もっと知りたい人のための参考文献

毛利敏彦『明治六年政変』中公新書　1979年
色川大吉『自由民権』岩波新書　1981年
松沢裕作『自由民権運動　〈デモクラシー〉の夢と挫折』岩波新書　2016年

▲ブラックと『日新真事誌』　1872(明治5)年，ブラックが創刊，74(明治7)年に板垣らの民撰議院設立の建白書を掲載した(写真の最下段)。治外法権の地位を利用して政策批判を行ったが，政府は新聞紙条例を改正し，外国人による新聞の発行を禁止した。(国立国会図書館)

38 大日本帝国憲法
どのような憲法が制定されたのか

自由民権運動の高まりの前に，政府では，急進的な大隈重信と，これを抑える岩倉具視・伊藤博文がはげしく対立した。伊藤らは，明治十四年の政変で大隈を政府から追放するとともに，10年後の国会開設を公約し，君主権の強い立憲体制の樹立を目指して，憲法制定に着手した。伊藤は自らヨーロッパへ行き，ドイツ憲法を通じて憲法理論や国家学などを学んだ。憲法草案の作成は，ドイツ人顧問のロエスレルらの助言を得て，伊藤を中心に井上 毅（こわし）らによって進められ，1889（明治22）年に発布された。こうして，日本はアジア初の本格的な立憲国家となった。大日本帝国憲法は，どのような特色を持っていたのだろうか。

口語訳史料

第1条　大日本帝国は，万世一系（ばんせいいっけい）の天皇が治める。
第3条　天皇は神聖（しんせい）な存在であり，侵してはならない。
第4条　天皇は国家元首で，統治権をもって，この憲法の条文の規定に従って国を治める。
第8条　天皇は社会全体の安全を守り災いを避けるため，帝国議会閉会中に緊急の必要がある場合には，法律に代わる勅令を発する。
第11条　天皇は，陸海軍を指揮・統率する。
第12条　天皇は，陸海軍の編制や軍事費を決定する。
第29条　日本国民は，法律の範囲内で言論・出版・集会・結社の自由を有する。
第55条　国務大臣は，天皇を補佐し，その責任を負う。
第70条　社会全体の安全を守るため緊急の必要がある場合で，国内外の情勢によって帝国議会を召集できない時には，勅令によって財政上の決定を行うことができる。

（口絵参照）

史料を読む

　大日本帝国憲法は，序文と7章76条からなる。引用した箇所を読んでみよう。
　第1条・第3条で，「万世一系」で「神聖」な天皇が国の統治をすると規定しており，天皇主権を明記している。第4条では，国家元首である天皇は，憲法の条文に従って国を治めるとしており，天皇が専制君主でなく，立憲君主であることを規定している。第8条は法律に代わる緊急勅令に関する規定で，天皇は国会閉会中に法律に代わる勅令を発することができるが，緊急勅令は次の会期の議会での承認が必要であり，天皇が権力を濫用(らんよう)できないようにしている。
　第11条は陸海軍の統帥権(とうすいけん)，第12条は陸海軍の編制権(へんせいけん)に関するもの。第11条によって陸海軍の統帥権を天皇大権(たいけん)としたが，軍隊の作戦計画や動員(軍令(ぐんれい))に関する規定を欠いていたため，「統帥権の独立」を盾(たて)に参謀本部など軍令機関の暴走を許すことになった。陸海軍の編制権も天皇大権であったが，編制に関する予算編成は内閣の輔弼(ほひつ)(補佐や進言をすること)事項とされているので，軍隊に対して一定の歯止めをかけることも可能であった。
　第2章の臣民(しんみん)権利義務のうち，言論の自由を規定した第29条を引用した。日本国憲法で基本的人権を「侵すことのできない永久の権利」としているのとは異なり，「法律の範囲内」という制限はあるものの，言論・出版・集会・結社などの自由が認められたことは意義があろう。また，「法律の範囲内」という規定により，法律によらない言論に対する制限や取り締まりができないことになった。
　第55条は，行政に関する規定で，各国務大臣が天皇を輔弼し，責任を持つというもの。内閣制度は，憲法制定に先立つ1885(明治18)年に成立しているが，この憲法には内閣の規定はなく，内閣総理大臣の位置づけも明確にされていなかった。
　第70条は，議会閉会中の緊急時に勅令で財政処分を行うことができるという規定で，第8条の緊急勅令と同様，次の会期の議会での承認が必要とされた。

史料にまつわる，あれこれ

■憲法はどのようにつくられたか

　1881(明治14)年，イギリス流の議院内閣制の早期導入を主張する意見書を提出した大隈重信に対して，岩倉具視は井上毅に命じて，ドイツのプロイセンを規範とする意見書を作成させた(岩倉憲法意見書)。政府は，秘密裏に進めていた開拓使の官有物を破格に安価で民間企業に払い下げる計画を民権派に漏らしたという疑いで大隈を追放するとともに，10年後の国会開設を公約した(明治十四年の政変)。

　そして，岩倉憲法意見書をもとに，君主権の強い立憲体制の樹立を目指して憲法制定に着手した。伊藤博文は，1882(明治15)年にヨーロッパに渡り，ベルリン大学のグナイストやウィーン大学のシュタインに学んだ。とくに，シュタインの国家学に多くを学び，帰国後，国家全体を構想した憲法の制定を目指した。伊藤は，君主一個人の意思に左右されて政治が行われることは望ましくないと考え，天皇親政の動きを封じ込めるなどして，立憲君主制を確立しようとしたのである。

　1885(明治18)年に内閣制度を創設し，初代総理大臣となった伊藤は，翌年末から井上毅や伊東巳代治・金子堅太郎らとともに，ドイツ人顧問モッセやロエスレルの助言も得て，憲法の起草にあたった。1888(明治21)年には，総理大臣を薩摩出身の黒田清隆に譲り，枢密院を設置して議長となった。枢密院では，明治天皇の臨席も得て，憲法草案の審議をしたが，その内容は国民には知らされなかった。審議において，伊藤の強い意向で第4条に「此の憲法の条規に依り」の文言が採用されるなど，立憲主義(憲法によって国家権力が抑制されるという原理)が盛り込まれていった。こうして，1889(明治22)年2月11日，大日本帝国憲法(明治憲法)が天皇の名で発布された。

教科書にはどう書かれているのか
(『詳説日本史』283〜284頁)

　政府の憲法草案作成作業は，1886(明治19)年末頃から国民に対しては極秘のうちに進められ，ドイツ人顧問ロエスレルらの助言を得て，伊藤を中心に井上毅・伊東巳代治・金子堅太郎らが起草に当たった。この草案は，天皇臨席のもとに**枢密院**で審議が重ねられ，1889(明治22)年2月11日，**大日本帝国憲法**(明治憲法)が発布された。

　帝国憲法は，天皇が定めて国民に与える**欽定憲法**であり，天皇と行政府にきわめて強い権限が与えられた。神聖不可侵とされた天皇は統治権のすべてを握る総攬者であり，文武官の任免，陸海軍の統帥(作戦・用兵など)，宣戦・講和や条約の締結など，議会の関与できない大きな権限をもっていた(**天皇大権**)。また，このうち陸海軍の統帥権は，内閣からも独立して天皇に直属していた(**総帥権の独立**)。

　天皇主権のもと，立法・行政・司法の三権が分立し，それぞれが天皇を補佐することとされたが，種々の制限を設けられた議会の権限と比べると，政府の権限は強く，各国務大臣は個別に，議会にではなく天皇に対してのみ責任を負うものとされた。

▶もっと知りたい人のための参考文献
　瀧井一博『文明史のなかの明治憲法』講談社選書メチエ　2003年
　坂本一登『伊藤博文と明治国家形成』講談社学術文庫　2012年
　相澤理『「憲法とは何か」を伊藤博文から学ぶ』アーク出版　2015年
　伊藤之雄『伊藤博文』講談社学術文庫　2015年

▲「憲法発布式之図」(床次正清筆，宮内庁宮内公文書館蔵)

38　大日本帝国憲法

39 第3次桂内閣初閣議での桂太郎の発言

桂太郎は藩閥の継承者か

1900年代初期の10年間は、桂太郎と西園寺公望が交互に政権を担当したことから「桂園時代」と呼ばれる。この時期は、藩閥政治から政党政治への過渡期とも言えるが、財政難にもかかわらず、政党による積極的な財政政策、軍備拡張、国民からの減税要求という財政上困難な課題を抱えていた。第2次西園寺内閣は、陸軍との対立により退陣を余儀なくされたため、1912（大正元）年12月、元老会議は桂を後継首班に奏薦し、第3次桂内閣が成立した。桂は、直面する諸課題にどのように対処しようとしたのだろうか。

口語訳史料

　そもそも立憲政治の重要な点は、国務大臣が輔弼（君主の政治に対して補佐や進言をすること）の責任を負っていることで、それは火をみるよりも明らかで、まったく疑いの余地もないことである。ところが、これまでの慣行では、政治に関する事柄を大臣でない元勲に私的に相談しており、このことはまるで後輩が先輩に対して行う礼儀であるかのように思われている。そのため一面では、元勲に責任がおよぶ弊害が生じ、もう一面では、大臣として自らの責任に無自覚な者もいるのである。……

　そこで、私は、首相就任にあってこのことを深く考え、思うところを聡明なる元勲の皆様に訴えたところ、深く同意していただいた。将来の大臣が進んでこの弊害を廃すべきであり、元勲も喜んでこの弊害を避けるように努めるということを確認した。

（桂太郎関係文書）

史料を読む

　これは，1912（大正元）年12月21日の第3次桂内閣の親任式(しんにんしき)当日に行われた初閣議で，桂が閣僚に対して行った発言の内容を記したものである。

　史料を読んでみよう。立憲政治では，国務大臣が君主である天皇の政治に対して補佐や進言を行うことに責任を負っているが，国務大臣ではない元勲（元老のこと。明治維新に功績のあった人々，当時存命だったのは，山県有朋，松方正義(まつかたまさよし)，西園寺公望ら）と私的に相談して政治を行っている。これは元勲に責任をおよぼし，国務大臣として無責任になるという弊害がある。そこで，首相就任にあたって元勲諸氏にこのように訴えたところ，元勲も桂の意見に深く納得し，このことを相互に確認しあったということである。

　大日本帝国憲法第55条に規定されているように，国務大臣は天皇に対する輔弼の責任を負っているが，国務大臣が重要な事案について，憲法上規定のない元老と私的に相談して政治を行うという慣行があった。この発言から，桂が3度目の組閣にあたり，このような元老政治との訣別(けつべつ)をはかろうとしたことが読み取れる。桂は，実際に元老の干渉を排除するための動きもしている。1912（大正元）年12月17日には，山県有朋を訪ね，国政については桂自身が行うので，元老は心配におよばないとして静養を勧めており，翌18日には西園寺に，自らが新しく企図する政治の意義について，「元老がまったく口出し出来ぬ様になしたること」と述べている。

　桂は，軍部・藩閥勢力の中心人物である山県の後継者と目(もく)され，元老政治の維持に努めようとしたと評価されがちであるが，この発言は，元老政治との訣別を宣言した画期的なものであると言えよう。

史料にまつわる，あれこれ

■ 桂はどのような体制をつくろうとしたのか

　憲政擁護運動の高まりから，桂は政党の組織に踏み切った。桂の新党は「立憲統一党」として構想され，イギリス流の二大政党制・政党内閣制ではなく，「一政党を以て，天下を一統する」ことを目指したという。

　桂は財政再建を課題とし，陸・海軍の拡張や減税を凍結するような徹底的な緊縮財政，外交政策では満州権益の延長問題の解決などを目指したが，このような課題に対処するには，安定的な政治体制が不可欠であり，そのため衆議院だけでなく，貴族院，官僚までも包括した政党を構想したのである。しかし，貴族院議員の参加は望めず，既成政党からの参加者も少ないことから，「立憲統一党」ではなく「立憲同志会」という党名になった。

　立憲同志会には，衆議院から立憲国民党の一部と中央倶楽部，官僚組織からは新党構想を主導した後藤新平，のちに首相となる外交官の加藤高明，大蔵官僚の若槻礼次郎・浜口雄幸らが参加した。その後，立憲同志会は憲政会→立憲民政党となり，立憲政友会とともに二大政党の一翼を担うことになる。

■ 桂はなぜ退陣したのか

　憲政擁護運動が高まりをみせるなかで，立憲政友会の提出した内閣不信任決議案が審議された。いったん停会となった議会が再開された1913（大正２）年２月５日，立憲政友会の尾崎行雄は「彼らは玉座を以て胸壁となし，詔勅を以て弾丸に代えて政敵を倒さんとするものではないか」という有名な「弾劾演説」で政府を攻撃した。

　議会は再び停会となり，解散の方針を閣議決定して２月10日に議会が再開されることとなった。議会の外でも憲政擁護運動は高まりをみせ，議会の解散ではなく，桂首相の退陣を求める数万の群衆が，国会議事堂を取り囲んだ。議会の開会に先立って大岡育造衆議院議長が，「解散をすれば，民衆の激昂が端緒となって内乱になるかもしれない。」と桂に退陣を迫った。解散を閣議決定した桂であったが，同日，天皇に辞表を奉呈し，組閣から50日余りで退陣することになった。

教科書にはどう書かれているのか
(『詳説日本史』318～319頁)

　元老会議は桂を後継首相とした(第3次)が，内大臣兼侍従長である人物が首相となるのは宮中と政府(府中)の境界を乱すとの非難の声がただちに上がった。ここに，立憲政友会の**尾崎行雄**と立憲国民党の**犬養毅**を中心とする野党勢力・ジャーナリストに，商工業者・都市民衆が加わり，「閥族打破・憲政擁護」を掲げる運動として全国に広がった(**第一次護憲運動**)。桂は非政友会系の新党を組織し，従来の元老政治からの脱却を掲げて内閣を維持しようとしたが，立憲政友会と立憲国民党が内閣不信任案を議会に提出し，それを支持する民衆が議会を包囲したため，1913(大正2)年2月，内閣は在職50日余りで退陣した(**大正政変**)。

▶もっと知りたい人のための参考文献
　宇野俊一『桂太郎』(人物叢書新装版)吉川弘文館　2006年
　小林道彦『桂太郎』(日本評伝選)ミネルヴァ書房　2006年
　千葉功『桂太郎』中公新書　2012年
　荒木康彦『日本史リブレット人91　桂太郎と森鷗外』山川出版社　2012年

▲**衆議院を包囲する民衆**　桂が内大臣・侍従長から第3次桂内閣を組織したことに対して，立憲政友会の尾崎行雄，立憲国民党の犬養毅を中心に，全国の商業会議所の商工業者，一般民衆をも巻き込んで，第一次護憲運動が盛りあがった。(朝日新聞社提供)

39　第3次桂内閣初閣議での桂太郎の発言

40 二十一カ条の要求
日本は中国にどのような「要求」をしたのだろうか

　第一次世界大戦に参戦し，ドイツが中国に持っていた権益を奪った日本は，1915(大正4)年に中国の袁世凱政権に対して，5号21カ条からなる要求を行った。日本は要求の内容の一部を日中両国の「秘密」としたが，中国は欧米列強へその情報を漏らすなどして抵抗した。しかし，日本が最後通牒を発したため，袁世凱政権は，第5号を除いた大部分を受諾した。中国は要求を受け入れた5月9日を「国恥記念日」とし，このことが中国の人々の心に深く刻みつけられることとなった。日本は中国に対して，どのような目的で，何を要求したのだろうか。

口語訳史料

第1号……第1条　中国政府は，日本政府とドイツ政府との間で結ばれた，ドイツの山東省におけるすべての権利や利益などに関する協定で決定した内容のすべてを承認することを約束する。

第2号　日本政府および中国政府は，中国政府が南満州および東部内蒙古における日本の優越的な地位を承認することを左の条款で締約した。

　第1条　日中両国は旅順と大連および南満州鉄道と安奉鉄道の経営期限をそれぞれさらに99年延長することを約束する。

第5号　一，中国の中央政府に政治・財政・軍事の顧問として有力な日本人を招いて雇い入れること。

（『日本外交年表 竝 主要文書』）

史料を読む

　5号21カ条からなるこの要求は,「対華二十一カ条要求」または「二十一カ条の要求」と呼ばれている。引用した箇所を読んでみよう。

　第1号要求は,日本がドイツから奪った山東省の権益に関する条約(「山東省に関する条約」)の案で,4カ条からなる。第1条では,ドイツが山東省に有していた権益を日本が継承することを承認させるものである。

　第2号要求は,「南満州及び東部内蒙古に関する条約」の案で,7カ条からなっている。第1条では,旅順・大連の租借,南満州鉄道・安奉鉄道の経営期限をそれぞれさらに99年延長することを要求している。二十一カ条の要求のなかで,第1号と第2号が日本にとっての重要な項目だったので,ともに「条約案」としている。

　第5号は7カ条からなる希望条項で,引用した箇所では,中国政府の政治・財政・軍事顧問を日本人にすることを求めている。これは中国に対するきびしい要求であり,そのことを日本側も自覚したのか,第5号は「秘密」とされた。

史料にまつわる,あれこれ

■日本が第一次世界大戦に参戦したのはなぜか

　1914(大正3)年に第一次世界大戦が勃発すると,日本は,日英同盟を理由としてドイツに宣戦布告し,連合国側に立って参戦した。同年9月2日に山東半島に上陸した日本陸軍は,イギリス軍と連合して,ドイツの膠州湾租借地を中国に返還するという名目で青島を攻略し,11月7日に占領した。日本海軍は,ドイツ領南洋諸島に対してイギリス海軍と共同作戦を展開し,10月には,赤道以北のドイツ領南洋諸島を占領した。

　日本はアジア・太平洋地域のドイツ勢力を一掃し,戦後にドイツの権限を継承するための発言権を得た。これによって,参戦の目的は達成したかにみえたが,翌1915(大正4)年1月8日には,第2次大隈重信内閣の加藤高明外

相の訓令を受けた日置益公使から，中国の袁世凱大総統に，「二十一カ条の要求」が提出された。

■ 日本はどのような「要求」をしたのか

　二十一カ条の要求は，外相の加藤高明が主導したが，なぜこのような要求をしたのだろうか。日本は日露戦争で，満州（中国東北地方）に権益を獲得していたが，租借地の期限が1923年，租借地を起点とする南満州鉄道の経営期限が1939年，南満州鉄道と朝鮮鉄道を結ぶ安奉鉄道の経営期限が1923年に，それぞれ満了を迎えることになっていた。租借地と鉄道に関する権限を継続的に確保するため，日本はヨーロッパで列強が戦争をしている間に，中国に対する影響力の拡大をはかろうとした。そこで，山東半島にドイツが有していた権益（ドイツは，1898年の膠州湾租借条約により，膠州湾周辺を99年間〈1997年まで〉租借できることになっていた）の返還を見返りとして，中国から譲歩を引き出そうとしたのである。さらに，第5号で，中国政府の政治・財政・軍事顧問を日本人にすることを求めるなど，21カ条にわたる様々な要求を突きつけた。

　二十一カ条の要求に対して，中国の袁世凱政権は国内の反日世論を醸成し，世論を背景に一貫して強硬な姿勢で日本との交渉に臨んだ。さらに，「秘密」とされていた第5号の内容を欧米列強に漏らすことにより，列強の対日警戒感を高め，列強から支持を得ようとした。アメリカは，3月13日にブライアン国務長官が通牒（ブライアン・ノート）を発したが，この通牒は第5号を非難しながらも，他の事項には「何ら問題を提起しないこと」としている。

　日本が第5号を削除し，5月7日に最後通牒を発したため，中国は5月9日に受諾を決めた。5月25日には，「山東省に関する条約」「南満州及び東部内蒙古に関する条約」の2つの条約が成立した。この2つの条約により，日本がロシアから継承した旅順・大連，南満州の租借期限は，99年間延長された。

　中国に二十一カ条の要求を受諾させたことにより，日本は満州の権益確保という所期の目的を達成した。しかし，中国のはげしい反日運動を招き，欧米の対日不信感を増幅させるという結果になった。二十一カ条要求は，その後の日中対立の原点になったとも言える。

教科書にはどう書かれているのか

（『詳説日本史』321頁）

　1915（大正4）年，加藤外相は北京の袁世凱政府に対し，山東省のドイツ権益の継承，南満州および東部内蒙古の権益の強化，日中合弁事業の承認など，いわゆる**二十一カ条の要求**をおこない，同年5月，最後通牒を発して要求の大部分を承認させた。加藤による外交には内外からの批判があり，大隈を首相に選んだ元老の山県も，野党政友会の総裁原敬に「訳のわからぬ無用の箇条まで羅列して請求したるは大失策」と述べて加藤を批判していた。

▶もっと知りたい人のための参考文献

井上寿一『第一世界大戦と日本』講談社現代新書　2014年
原朗『日清・日露戦争をどう見るか』NHK出版新書　2014年
奈良岡聰智『対華二十一カ条要求とは何だったのか』名古屋大学出版会　2015年

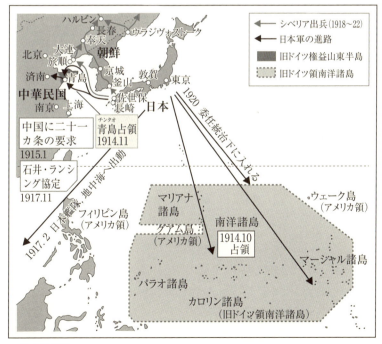

▲日本の参戦

41 民本主義
明治憲法下でどのような民主化が可能だったのか

　大正政変をきっかけとして民衆運動が高まったが，この時期には，美濃部達吉の天皇機関説や吉野作造の民本主義などの政治思想が，民衆にも大きな影響を与えた。民本主義はデモクラシー（democracy）の訳語であるが，天皇主権の大日本帝国憲法の枠内で民衆の政治参加を目指すものであった。吉野は，普通選挙に基づく政党内閣によって経済的不平等を是正し，下層民を救うことなどを論じて，大正デモクラシーを理論的に支えることとなった。民本主義とは，どのような思想で，当時の社会にどのような影響を与えたのだろうか。

口語訳史料

　民本主義という言葉は，日本語としては非常に新しい使い方である。今までは民主主義という言葉を使っていたようだ。場合によっては，民衆主義や平民主義と呼ばれたこともある。しかし，民主主義と言えば，社会民主党の場合のように，「国家の主権は人民にある」という危険な学説と混同されやすい。……この言葉（デモクラシー）は今日の政治や法律などの学問において，少なくとも二つの異なる意味に使用されているように思う。一つは「国家の主権は法理上，人民にある」という意味で，もう一つは「国家の主権の活動の基本的目標は政治上，人民にある」という意味に使われる。この二つ目の意味に使用される場合に，私たちは民本主義と訳すのである。……

（『中央公論』1916〈大正5〉年1月号，口絵参照）

史料を読む

　雑誌『中央公論』の1916(大正5)年1月号に掲載された，吉野作造「憲政の本義を説いて其有終の美を済すの途を論ず」(以下「憲政の本義」とする)から，民本主義という言葉について説明している箇所を引用した。民本主義とは，デモクラシー(democracy)の訳語で，民主主義などと訳されているが，デモクラシーには国家の主権が人民にあるという意味と，主権の運用(政治)が人民のためにあるという2つの意味がある。そこで，2つ目の意味で使われるデモクラシーを民本主義と訳すと述べている。天皇主権を規定している明治憲法下では，民主主義を「国家の主権は人民にある」という危険な学説とも取られるので，民主主義ではなく，民本主義としたのである。

史料にまつわる，あれこれ

■吉野作造はどのような活動をしたのか

　吉野作造は，1878(明治11)年，宮城県に生まれ，東京帝国大学法科大学政治学科を卒業し，大学院に進んだ後，袁世凱の長男克定の家庭教師として天津に赴き，1909(明治42)年に帰国して東京帝国大学助教授となった。翌年からヨーロッパに留学し，1913(大正2)年に帰国し，翌年に教授に昇任した。

　大学では，ヨーロッパの現代政治や社会主義運動などについて講じ，学生の人気を集めた。1918(大正7)年には，吉野の門下生が中心となって学生運動団体である新人会を結成，吉野自身も黎明会を結成し，これらが大正デモクラシー運動の拠点となった。また，雑誌『中央公論』の1914(大正3)年1月号に「学術上から観たる日米問題」を掲載して以来，20年近く『中央公論』にほぼ毎号執筆した。「憲政の本義」も『中央公論』の巻頭に掲載されたものである。吉野は，シベリア出兵や治安維持法の制定に反対したが，マルクス・レーニン主義による革命運動にも反対で，社会民主主義の立場を取ることを表明した。

　1924(大正13)年には東大教授を辞し，講師の身分のまま朝日新聞社に入っ

た。入社早々に行った講演での五箇条の誓文を「支持基盤の弱い明治政府の悲鳴である」と述べた一節に対し，右翼から不敬罪(ふけいざい)の告発を受け，検察も『東京朝日新聞』に連載した「枢府(すうふ)と内閣」に関して吉野を取り調べた。結局，吉野が朝日新聞社を退社することで，不起訴となった。この頃から，知識人にマルクス主義が浸透したこともあり，吉野の民本主義の影響力は衰え，『中央公論』の時評欄の連載も1928(昭和3)年末に打ち切られた。

　朝日新聞社退社後は，東大講師を続けながら，大正デモクラシーの正統性を明らかにするために明治文化研究を進め，明治文化研究会を結成して『明治文化全集』全24巻を刊行した。しかし，持病の結核に苦しめられ，1932(昭和8)年3月に56歳で没した。

■民本主義とはどのようなものか

　吉野は，「憲政の本義」で，主権の運用(＝政治)の目的やその方法を問う政治論からのデモクラシーについて論じ，民主主義を解釈することによって，天皇主権と民主主義の両立という課題に取り組んだ。民主主義には，主権者を民衆とする「絶対的または哲学的民主主義」と，主権者にこだわらない政権運用上の民主主義である「相対的または解釈的民主主義」があるとし，君主主権と両立できる後者の民主主義の訳語を，民を本とするという意味で民本主義とした。なお，民本主義は吉野の造語ではなく，『万朝報(よろずちょうほう)』を創刊して藩閥政治を批判した黒岩涙香(くろいわるいこう)がつくり，『万朝報』の記者であった茅原華山(かやはらかざん)によって広められたものである。

　吉野の民本主義の内容は，主権運用の目的と方法に関するもので，主権運用の目的は，一般民衆を幸福にすることである。それは，政治的な平等だけでなく，経済の平等も視野に入れたものであった。さらに，民衆の幸福が何であるかは，民衆自身が知っているので，普通選挙制や政党内閣制を通じて，民衆の意思に基づいた政策決定をするべきであるとしている。

　つまり，民本主義とは，天皇が主権を行使する明治憲法下で，主権をどのように動かしたらよいかという政治論で，主権の運用において民衆が中心となる，実質的な民主主義を主張したものと言える。吉野は『中央公論』などに精力的に評論を発表し，大正デモクラシーの運動を理論的に支えることとなった。

教科書にはどう書かれているのか　　　　　　（『詳説日本史』323〜324頁）

　大正政変を契機とする民衆運動の高揚は，政治思想にも大きな影響を与え，1916（大正5）年，**吉野作造が民本主義**を提唱するなど，政治の民主化を求める国民の声もしだいに強まっていった。

▶もっと知りたい人のための参考文献

　田澤晴子『吉野作造―人生に逆境はない―』（日本評伝選）ミネルヴァ書房　2006年
　尾崎護『吉野作造と中国』中公叢書　2008年
　古川江里子『日本史リブレット人95　美濃部達吉と吉野作造』山川出版社　2011年

▲吉野作造（1878〜1933）。右下は少年期。（国立国会図書館）

41　民本主義　171

42 治安維持法
「稀代の悪法」はどのようにつくられたか

　第一次世界大戦前後の世界的なデモクラシーの風潮の影響を受け、日本でも自由主義、民主主義の風潮が高まり、普通選挙運動、社会運動や労働運動も展開された。このような風潮は大正デモクラシーと呼ばれ、この時期には、無政府主義や共産主義思想も広がった。これに対処するには、それまでの治安法制（治安警察法など）では不十分であったため、新たな治安立法として、1925（大正14）年に治安維持法が制定された。治安維持法は、どのように制定され、運用されたのだろうか。

口語訳史料

治安維持法（大正14〈1925〉年4月22日公布）
第1条　国体を変革すること、または私有財産制度を否認することを目的として結社を組織すること、または事情を理解した上でその結社に加入した者は10年以下の懲役または禁錮刑とする。……

改正治安維持法（昭和3〈1928〉年6月29日公布）
第1条　国体を変革することを目的として結社を組織した者、または結社の役員その他の指導者としての任務に従事した者は、死刑または無期もしくは5年以上の懲役、もしくは禁錮刑とし……私有財産制度を否認することを目的として結社を組織した者や結社に加入した者、または結社の目的遂行のために協力した者は、10年以下の懲役また禁錮刑とする。

（『官報』）

------ 史料を読む

　まず，文言の意味を確認してみよう。「国体」とは，「国のあり方」ということであるが，大日本帝国憲法で元首である天皇が統治権を総攬すると規定されたことにより，「天皇が統治する国家のあり方」という意味を持つようになった。制定当時，「国体の変革」はおもに無政府主義を想定した文言であった。「私有財産制度」とは資本主義のことで，私有財産制度を否定することは，共産主義体制を目指すことであった。
　第1条では，天皇が統治する国家のあり方の変革や，私有財産制度を否認することを目的として結社を組織したり，加入したりすることを禁じている。治安維持法が，結社を取り締まることを主眼とした法令であることが読み取れる。
　3年後に改正された第1条では，最高刑がそれまでの10年以下の懲役または禁錮刑から，死刑に引き上げられたこと，結社を組織したり，結社に加入したりした者のほかに，結社の目的遂行のために協力した者への処罰（目的遂行罪）を加えられたことがわかる。

------ 史料にまつわる，あれこれ

■ 治安維持法はどのように制定されたのか
　1918（大正7）年，立憲政友会を与党とする初めての本格的政党内閣である原 敬内閣が成立した。これにより，大正デモクラシーの潮流も進展するが，あわせて政府による思想対策も進められた。1922（大正11）年には，過激社会運動取締法案が閣議決定され，議会に提出された。これは，共産主義その他の宣伝を取り締まることを目的とした法案であったが，言論・出版や学問の自由を制約するおそれがあるとして，学者や言論人が反対したことや，野党の憲政会や貴族院の反対などにより廃案となった。
　1924（大正13）年，枢密院議長清浦奎吾が内閣を組織すると，司法省で治安維持法案の起草が開始された。その後，清浦内閣を倒す運動を展開した護憲三派（憲政会・立憲政友会・革新倶楽部）が，総選挙で過半数の議席を獲得し

（第二次護憲運動），護憲三派の連立である加藤高明内閣が成立し，加藤内閣でも治安維持法の制定が進められた。首相の加藤自身は，言論弾圧につながる共産主義思想の取り締まりを嫌っており，憲政会が過激社会運動取締法案などに反対した経緯もあって，自らの内閣で言論の自由を制限するような法令をつくるわけにはいかなかった。そこで，治安維持法と同時期に締結された日ソ基本条約に，相手国の政治，社会を破壊する目的での宣伝を行わないとする「宣伝禁止条項」を盛り込み，治安維持法を，結社取締法として制定したのである。

■1928年に改正されたのはなぜか

　治安維持法が最初に適用されたのは京都学連事件で，京都帝国大学や同志社大学の社会科学研究会（社研）の学生がいっせいに検挙された。しかし，検挙した学生を結社罪で起訴することはできず，治安維持法では付随的な協議罪・煽動罪で起訴した。社研のメンバーのなかには，共産党に通じる者もあったが，結社罪で取り締まることはできなかったのである。

　1928（昭和3）年3月15日，日本共産党員に対するいっせい検挙が行われた（三・一五事件）。約1600人が検挙されたが，検挙者の圧倒的多数は共産党に加入していない支持者であり，起訴されたのは，488人にとどまった。第1回普通選挙の機会をとらえて公然と宣伝活動を行っていた日本共産党に対して，治安維持法で取り締まろうとしたものの，共産党員でなければ結社罪に問えず，この法律の限界を露呈した。

　そこで，治安維持法は，田中義一内閣のもとで改正されることとなった。改正案は，議会では審議未了のため廃案になったものの，議会閉会後に，緊急勅令によって成立をみた。おもな改正点は，第1条にみられるように，最高刑が死刑に引き上げられたことと，目的遂行罪が加えられたことである。この後も治安維持法違反のみで死刑となった者はおらず，この改正では，目的遂行罪の追加が重要であったと考えられる。

　目的遂行罪とは，目的に協力するとみなされるあらゆる行為を罰するもので，共産党に協力するあらゆる行為を罰することができたので，共産党員でなくても共産党に協力したら処罰の対象となった。この改正により，処罰の対象が大幅に拡大した。改正治安維持法は，1929（昭和4）年3月に議会で承認され，同年4月16日には日本共産党幹部全員を含む約700人が検挙され，399人が起訴されている（四・一六事件）。

治安維持法は，その後，拡大解釈されて適用され，共産党のみならず，合法的な無産政党や自由主義勢力も取り締まりの対象とされるようになり，「稀代の悪法」として猛威をふるうこととなった。

教科書にはどう書かれているのか
（『詳説日本史』332頁）

　「国体」の変革や私有財産制度の否認を目的とする結社の組織者と参加者を処罰すると定めた**治安維持法**が成立した。制定当初の目的は，日ソ国交樹立(1925年)による共産主義思想の波及を防ぎ，普通選挙法の成立(1925年)による労働者階級の政治的影響力の増大に備えることにあった。

（『詳説日本史』341頁）

　1928(昭和3)年におこなわれた普通選挙制による最初の総選挙では，無産政党勢力が8名の当選者を出した。この時，これまで非合法活動を余儀なくされていた日本共産党が公然と活動を開始したので，衝撃を受けた田中義一内閣は選挙直後の3月15日に共産党員の一斉検挙をおこない，日本労働組合評議会などの関係団体を解散させた(**三・一五事件**)。また，同年に治安維持法を改正して最高刑を死刑・無期とし，道府県の警察にも特別高等課(特高)を設置して，翌1929(昭和4)年にも大規模な検挙をおこなった(**四・一六事件**)。

▶もっと知りたい人のための参考文献
　荻野富士夫『思想検事』岩波新書　2000年
　奥平康弘『治安維持法小史』岩波現代文庫　2006年
　荻野富士夫『特高警察』岩波新書　2012年
　中澤俊輔『治安維持法』中公新書　2012年

▶治安維持法反対をさけぶ人々
1925(大正14)年2月，東京芝公園で開かれた治安維持法反対の集会。(国立国会図書館)

43 ポツダム宣言
日本はどのように降伏したのか

1945(昭和20)年5月7日，ドイツが連合国に降伏すると，翌日にはアメリカのトルーマン大統領が日本に降伏を勧告した。6月8日には御前会議で「国体を護持して皇土を保衛し征戦の達成を期す」という方針が決定され，本土決戦に向けた準備が進められたが，並行してソ連を仲介とする和平工作も模索されていた。7月17日から，ドイツのポツダムでドイツの戦後処理について協議され，会期中の7月26日，日本に対して降伏を勧告するポツダム宣言が発表された。この宣言はどのようなもので，日本はこの宣言をどのように受け入れたのだろうか。

口語訳史料

6　我々は無責任な軍国主義が世界から駆逐されるまでは，平和，安全および正義という新秩序が生まれないと主張する。日本の国民を欺き，世界征服をしようとする誤りを犯した者の権力や勢力は，永久に取り除かれなければならない。

8　「カイロ宣言」の条項は履行され，日本の主権は本州，北海道，九州，四国と我々の決める諸小島に制限される。

10　我々は日本人を民族ごと奴隷化し，また日本国民を滅亡させようとする意図は持っていないが，我々の捕虜を虐待した者を含むすべての戦争犯罪人に対して，厳重な処罰が加えられなければならない。また，日本政府は日本国民の間に民主主義的傾向が復活・強化されるためにすべての障害となるものを取り除かなければならない。そして言論・宗教・思想の自由，ならびに基本的人権の尊重は確立されなければならない。

12　前記の諸目的が達成され，かつ日本国民が自由に表明する意志に従って，平和的傾向をもった責任ある政府が樹立されたならば，連合国

の占領軍はただちに日本より撤収する。

13　我々は日本政府に対して，ただちに日本軍の無条件降伏を宣言し，これまで述べてきたことがらについて誠意をもって，適切で十分な保障を提供することを要求する。
これ以外の日本国の選択は，迅速かつ完全な壊滅のみである。

(『日本外交年表竝主要文書』)

史料を読む

　ポツダム宣言には，日本軍の無条件降伏と降伏のための条件などが示されている。
　引用した箇所を読んでみよう。第6項で，日本の軍国主義勢力の排除，第8項で，1943年のカイロ宣言を踏襲(とうしゅう)した日本の領土に関する具体的な方針，第10項で，戦争犯罪人の処罰，日本の民主化や基本的人権の尊重などの条件が示されたことが読み取れる。第12項では，日本に平和的で責任ある政府が樹立されたら，連合国軍が撤収することが述べられている。最終の第13項では，日本政府がこの宣言を受け入れて日本軍が無条件降伏しなければ，日本に対してすみやかに壊滅的な打撃を与えるという「警告」がなされている。

史料にまつわる，あれこれ

■ポツダム宣言にどう対応したか
　日本政府および軍部(とくに陸軍)は，国体の護持と天皇の存置を降伏の絶対条件として，それが受け入れられなければ，「本土決戦」も辞さないという考えであった。戦前に駐日大使を務めた知日派のグルー国務次官やスチムソン陸軍長官らは，日本の早期の降伏を促すため，ポツダム宣言の原案の第12項に「このような政府は，再び侵略を意図せざることを世界が完全に納得す

るに至った場合には，現皇室のもとにおける立憲君主制を含み得るものとする（This may inclide a cnstitutional monarchy under the present dynasty）。」という文言を盛り込んだ。しかし，トルーマン大統領が，原爆実験の成功で強気になっていたことや，アメリカの世論が天皇に対するきびしい処罰を求めていたことなどもあり，この文言は削除され，発表されることとなった。

　7月26日にポツダム宣言が発表されると，日本政府は対応を検討したが，コメントは出さず，宣言の内容のみを発表した。7月28日には，鈴木貫太郎首相が会見を行い，ポツダム宣言に対して，「政府としてはなんら重大な価値あるものとは思わない。ただ黙殺するのみである。われわれは断固戦争完遂に邁進するのみである。」と発言した。

　日本政府が正式な回答をせず留保している間に，「日本は拒否（reject）」と報道されたこともあり，ポツダム宣言で予告した通り，日本に「壊滅的な打撃を与える」ため，広島，長崎に原爆が投下された。ポツダム宣言に対する日本政府の態度が，アメリカに原爆投下の口実を与えることとなったのである。

■ポツダム宣言をどのように受け入れたか

　8月6日の広島への原爆投下，8日のソ連の参戦，9日の長崎への原爆投下により，ポツダム宣言を受諾する意見が優勢となり，阿南惟幾陸相らの反対はあったものの，10日未明の御前会議で，受諾の方針が決まった。昭和天皇は，降伏に反対する阿南陸相に「朕には確証がある」と伝えたとされるが，天皇はアメリカ側の情報に触れており，降伏しても皇室を存続できるという確証を得ていたのであろう。天皇は情報に裏づけされた確証を持って，「聖断」を下したと考えることができる。

　東郷茂徳外相は，10日午前，スイス・スウェーデン駐在の公使に緊急打電し，天皇の平和への願いにより即時戦争終結が決まったことと，ポツダム宣言のなかに，天皇の国家統治の大権を変更する要求を含有しないことを確認した上で宣言を受諾するということを，スイス・スウェーデン両政府を通じて米・英・中・ソの4カ国に伝達するよう要請した。

　11日には連合国から回答があり，14日，天皇がポツダム宣言の諸条項を受け入れるという詔書を発布し，受諾を連合国に通達した。陸軍によるクーデタ未遂事件があったが，15日正午にはラジオ放送（玉音放送）で，ポツダム

宣言の受諾が国民に知らされた。

教科書にはどう書かれているのか
（『詳説日本史』368頁）

　会談を契機に，アメリカは対日方針をイギリスに提案し，アメリカ・イギリスおよび中国の3交戦国の名で，日本軍への無条件降伏勧告と日本の戦後処理方針からなる**ポツダム宣言**を発表した。

　ポツダム宣言に対して，「黙殺する」と評した日本政府の対応を拒絶と理解したアメリカは，人類史上はじめて製造した2発の**原子爆弾**を8月6日**広島**に，8月9日**長崎**に投下した。また8月8日には，ソ連が日ソ中立条約を無視して日本に宣戦布告し，満州・朝鮮に一挙に侵入した。陸軍はなおも本土決戦を**主張**したが，昭和天皇のいわゆる「**聖断**」によりポツダム宣言受諾が決定され，8月14日，政府はこれを連合国側に通告した。8月15日正午，天皇のラジオ放送で戦争終結が全国民に発表された。

▶もっと知りたい人のための参考文献
　中村政則『象徴天皇制への道』岩波新書　1989年
　有馬哲夫『「スイス諜報網」と日米終戦工作』新潮選書　2015年
　山田侑平訳・監修『「ポツダム宣言」を読んだことがありますか？』共同通信社　2015年

▶ポツダム会談（1945年7〜8月）　戦後のヨーロッパの国際秩序やドイツの処理，日本軍の無条件降伏要求などが決定された。（ピーピーエス通信社）

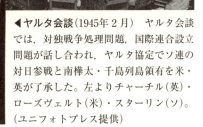

◀ヤルタ会談（1945年2月）　ヤルタ会談では，対独戦争処理問題，国際連合設立問題が話し合われ，ヤルタ協定でソ連の対日参戦と南樺太・千島列島領有を米・英が了承した。左よりチャーチル（英）・ローズヴェルト（米）・スターリン（ソ）。（ユニフォトプレス提供）

44 日本国憲法
憲法はどのように改正されたのか

　ポツダム宣言の受諾により，日本は連合国軍に占領されることになり，連合国軍最高司令官総司令部（GHQ／SCAP）により間接統治された。1945（昭和20）年10月，幣原喜重郎首相はGHQに憲法改正を指示され，改正案に着手した。日本政府が作成した憲法改正案は，GHQによって否定され，GHQの作成した草案に基づく政府案が作成された。どのような経緯で憲法が改正され，どのような憲法ができたのだろうか。

史　料

（前文）日本国民は，正当に選挙された国会における代表者を通じて行動し，われらとわれらの子孫のために，諸国民との協和による成果と，わが国全土にわたつて自由のもたらす恵沢を確保し，政府の行為によつて再び戦争の惨禍が起ることのないやうにすることを決意し，ここに主権が国民に存することを宣言し，この憲法を確定する。……

第1条　天皇は，日本国の象徴であり日本国民統合の象徴であつて，この地位は，主権の存する日本国民の総意に基く。

第9条　日本国民は，正義と秩序を基調とする国際平和を誠実に希求し，国権の発動たる戦争と，武力による威嚇又は武力の行使は，国際紛争を解決する手段としては，永久にこれを放棄する。

　②　前項の目的を達するため，陸海空軍その他の戦力は，これを保持しない。国の交戦権は，これを認めない。

第11条　国民は，すべての基本的人権の享有を妨げられない。この憲法が国民に保障する基本的人権は，侵すことのできない永久の権利として，現在及び将来の国民に与へられる。　　　　　　（口絵参照）

史料を読む

　日本国憲法は，前文と11章103条からなるが，前文の一部と，第1条，第9条，第11条を引用した。読んでみよう。

　前文では，憲法の趣旨が述べられている。引用した冒頭の部分では，日本国憲法の三大原則のうち，「国民主権」と「平和主義」が宣言されていることが読み取れる。

　第1章は，天皇の地位に関する規定で，憲法の冒頭にこの規定があるのは，大日本帝国憲法（明治憲法）を改正した日本国憲法が，明治憲法を踏襲しているからである。天皇は日本国民統合の象徴で，その地位は国民の総意に基づくと規定されている。

　第9条は，戦争の放棄に関する規定で，第1項では，「戦争」と「武力による威嚇又は武力の行使」を永久に放棄するとしている。戦争とは宣戦布告を伴うもので，宣戦布告を伴わない武力による威嚇や武力の行使も否定している。第2項では，戦力の不保持が規定されている。第9条に関して，衆議院憲法改正特別委員会で芦田均委員長による修正があり（「芦田修正」），第2項には「前項の目的を達するため」という文言が加えられた。これにより，第1項の目的のためではない戦力の保持が可能であるという解釈ができるようになった。

　第11条は，日本国憲法の三大原則の1つ「基本的人権の尊重」を規定した第3章を集約した条文と言えるもので，国民の基本的人権を「侵すことのできない永久の権利」としている。明治憲法で「法律の範囲内」で認められる「臣民の権利」とは，大きく異なることが読み取れる。

史料にまつわる，あれこれ

■ どのように改正が行われたか

　1945（昭和20）年10月，幣原内閣はGHQに憲法改正を指示され，憲法問題調査会（委員長松本烝治）を設置したが，政府首脳は，明治憲法のもとでも民主化は可能であると考えており，戦時体制で中断された「デモクラシー」を

復活させようとしていたため，憲法改正には積極的ではなかった。一方で，「国体護持」を至上命題とし，天皇制と民主化の両立の道を模索していた。

　日本政府の改正試案(松本試案)が保守的なものであったため，GHQは，自ら英文の改正草案(マッカーサー草案)を急遽作成し，1946(昭和21)年2月，日本政府に提示した。日本政府は国民主権や平和主義を説くGHQ草案に驚き，再考を求めたが，マッカーサー連合国軍最高司令官から「天皇制の護持のためである」と一蹴されたため，3月6日，GHQ案に若干の手を加えて和訳したものを政府案として発表した。

　政府案を帝国議会で審議・修正して日本国憲法が成立し，1946(昭和21)年11月3日に公布，翌年5月3日に施行された。

■第1条と第9条はどのような関係にあるか

　幣原首相は「天皇制を維持し，国体を護持するためには此際思い切って戦争を廃棄し，平和日本を確立しなければならぬと考へた」と述べているが，国体護持(天皇制の存続)と戦争放棄はどのような関係にあったのだろうか。

　幣原はマッカーサーに対して，日本の信用回復のためには戦争を放棄する以外にないと述べた。幣原は1928(昭和3)年の不戦条約に基づいた国際宣言を行うことを考えていたようだが，マッカーサーはそれを憲法草案に盛り込んだのである。

　戦争放棄に関して，対日理事会英連邦代表マクマホン・ボールのマッカーサー・幣原会談に関する証言がある。幣原はマッカーサーに「どのような軍隊なら保持できるのか」と尋ね，マッカーサーの答えは「いかなる軍隊も保持できない」というものであった。幣原が「戦争放棄ということですね」と返すと，マッカーサーは「そうです。あなたがたが戦争を放棄すると公言すれば，そのほうがあなたがたにとって好都合だと思いますよ」と答えたという。「あなたがたにとって好都合」という発言は，戦争を放棄することによって天皇制存続が可能になることを示唆している。

　アメリカをはじめ諸外国では，天皇制を存続させれば，再び天皇を中心に軍国主義が台頭すると警戒し，極東国際軍事裁判で天皇の訴追を求める声も強かった。そこで，日本国憲法第1条で，天皇を政治的実権のない「象徴」とするとともに，第9条で，戦争の放棄を宣言することが必要となったのである。

教科書にはどう書かれているのか
（『詳説日本史』375〜376頁）

　1945（昭和20）年10月，幣原喜重郎内閣はGHQに憲法改正を指示され，憲法問題調査委員会（委員長松本烝治）を政府内に設置した。しかし，同委員会作成の改正試案が依然として天皇の統治権を認める保守的なものであったため，GHQは極東委員会の活動が始まるのを前に，みずから英文の改正草案（マッカーサー草案）を急きょ作成して，1946（昭和21）年2月，日本政府に提示した。政府は，これにやや手を加えて和訳したものを政府原案として発表した。……

　新憲法は，**主権在民・平和主義・基本的人権の尊重**の3原則を明らかにした画期的なものであった。国民の直接選挙で選ばれた議員からなる国会を「国権の最高機関」とする一方，天皇は政治的権力をもたない「日本国民統合の象徴」となった（**象徴天皇制**）。また第9条第1項で「国際紛争を解決する手段」としての**戦争を放棄**し，第2項で「前項の目的を達するため」戦力は保持せず，交戦権も認めないと定めたことは，世界にもほかに例がない。

▶もっと知りたい人のための参考文献

中村政則『戦後史』岩波新書　2005年
福永文夫『日本占領史　1945—1952』中公新書　2014年
古関彰一『日本国憲法の誕生　増補改訂版』岩波現代文庫　2017年

▲憲法草案を審議する帝国議会　写真は答弁に立つ金森国務大臣。（共同通信イメージズ提供）

45 サンフランシスコ平和条約

どのような講和が行われたのだろうか

　中華人民共和国の建国や朝鮮戦争の勃発などにより，東アジアにおける日本の戦略的価値を再認識したアメリカは，占領を早期に終わらせ，日本を西側陣営に組み込もうとし，ソ連などの東欧圏諸国を除外して対日講和を進めた。日本国内には，ソ連・中国を含めた全面講和を求める動きもあったが，吉田茂内閣は，アメリカに依存する道を選択し，アメリカを中心とする資本主義諸国との単独(片面)講和に踏み切った。

　1951(昭和26)年9月，サンフランシスコ講和会議が開かれ，サンフランシスコ平和条約が調印された。翌年4月，条約が発効して約7年の占領が終結し，日本は主権を回復した。どのような講和条約が締結されたのだろうか。

史　料

第2条(a)日本国は，朝鮮の独立を承認して，済州島，巨文島及び鬱陵島を含む朝鮮に対するすべての権利，権原及び請求権を放棄する。
　(b)日本国は，台湾及び澎湖諸島に対するすべての権利，権原及び請求権を放棄する。(c)日本国は，千島列島並びに日本国が1905年9月5日のポーツマス条約の結果として主権を獲得した樺太の一部及びこれに近接する諸島に対するすべての権利，権原及び請求権を放棄する。
　(d)日本国は，国際連盟の委任統治制度に関連するすべての権利，権原及び請求権を放棄し，且つ，以前に日本国の委任統治の下にあつた太平洋の諸島に信託統治制度を及ぼす1947年4月2日の国際連合安全保障理事会の行動を受諾する。
第3条　日本国は，北緯29度以南の南西諸島(琉球諸島……を含む)，孀婦岩の南の南方諸島(小笠原群島……を含む)並びに沖の鳥島及び南鳥島

> を合衆国を唯一の施政権者とする信託統治制度の下におくこととする国際連合に対する合衆国のいかなる提案にも同意する。このような提案が行われ且つ可決されるまで，合衆国は，領水を含むこれらの諸島の領域及び住民に対して，行政，立法及び司法上の権力の全部及び一部を行使する権利を有するものとする。
> 第6条(a)連合国のすべての占領軍は，この条約の効力発生の後なるべくすみやかに……日本国から撤退しなければならない。但し，この規定は，……協定に基く……外国軍隊の日本国の領域における駐とん又は駐留を妨げるものではない。　　　　　　　　　　　　　　　　　　　　（『条約集』）

史料を読む

　この条約は全7章27カ条からなり，正文の英語のほか，フランス語，スペイン語，日本語で作成された。引用した箇所を読んでみよう。
　第2条は，日本の領土に関するもので，朝鮮の独立の承認，台湾・南樺太・千島列島などの放棄が規定されている。ポツダム宣言第8項の「日本の主権は本州，北海道，九州，四国と我々の決める諸小島に制限される」をより具体化したものである。しかし，本土周辺諸島の領有権に関する規定の内容が曖昧だったため，ソ連との北方領土問題や韓国との竹島問題などが継続して残されることとなった。
　第3条は，沖縄を含む南西諸島や小笠原諸島をアメリカの施政権下に置くというものである。南西諸島と小笠原諸島はアメリカの信託統治が予定されて，このような規定となったが，アメリカは国際連合に提案せずに施政権下とした。南西諸島のうち，奄美諸島は1953(昭和28)年に日本に返還されたが，小笠原諸島は1968(昭和43)年，奄美諸島を除く南西諸島(現在の沖縄県)は1972(昭和47)年まで，アメリカの施政権下にあった。
　第6条は，占領軍が条約の発効後，すみやかに撤退することが規定されているが，合わせて協定に基づく外国軍隊の駐留を妨げないことが明記されている。

史料にまつわる，あれこれ

■ 早期の講和が実現されたのはなぜか

　アメリカでは，対ソ戦略の観点から日本をアジアにおける軍事拠点として維持するため，早期講和に消極的な国防省と，日本を西側陣営にとどめるために，長期占領の悪影響を懸念して，早期講和を主張する国務省との対立があった。吉田茂首相は，1950(昭和25)年4月に日本やアジアの安全保障のためアメリカ軍の駐留を求める意向をアメリカに秘密裏に伝えて，国防省と国務省の対立を解消し，早期講和への道を開いた。

　1951(昭和26)年1月，アメリカのダレス大統領特使が来日し，吉田首相との会談で，講和の基本方針について合意した。ダレスは改憲による日本の再軍備を強く求めたが，吉田首相は再軍備に強く反対し，マッカーサー連合国軍最高司令官も吉田を支持したため，アメリカは日本に再軍備を求めず，そのかわりに，日本は保安隊を創設することになった。

■ 講和会議はどのように進められたのか

　1951(昭和26)年9月4日，サンフランシスコで対日講和会議が開かれた。ソ連など東欧3カ国を含めた52カ国が出席したが，中華民国(台湾)・中華人民共和国・インドネシアは招かれず，インド・ビルマ・ユーゴスラビアは，アメリカが示した条約の内容に不満で参加しなかった。ソ連など東欧3カ国は，アメリカ主導の講和を批判して条約への調印を拒否した。韓国は，署名国として参加を表明し，一時は署名国リストに名を連ねたが，アメリカ政府は「韓国は日本と戦争状態にあったことはなく，連合国共同宣言にも署名していない」ことを理由に参加を拒否した。結果的に，講和条約には日本を含めて49カ国が調印し，締結国と日本との戦争状態は終了することとなった。

　講和条約第6条で，日本が安全保障のため2国間条約を結ぶことを認められ，平和条約を調印した9月8日に，日米安全保障条約が締結され，アメリカ軍が引き続き日本に駐留することになった。

教科書にはどう書かれているのか

(『詳説日本史』383〜384頁)

　1951(昭和26)年9月，サンフランシスコで講和会議が開かれ，日本と48カ国とのあいだで**サンフランシスコ平和条約**が調印された。翌年4月，条約が発効して約7年間におよんだ占領は終結し，日本は独立国としての主権を回復した。この条約は，交戦国に対する日本の賠償責任を著しく軽減したが，領土についてはきびしい制限を加え，朝鮮の独立，台湾・南樺太・千島列島などの放棄が定められ，南西諸島・小笠原諸島はアメリカの施政権下におかれた。

　平和条約の調印と同じ日，**日米安全保障条約**(安保条約)が調印され，独立後も日本国内にアメリカ軍が「極東の平和と安全」のために駐留を続け，日本の防衛に「寄与」することとされた。

▶もっと知りたい人のための参考文献

　佐々木隆爾『シリーズ昭和史No.11　サンフランシスコ講和』岩波ブックレット　1988年

　井上寿一『吉田茂と昭和史』講談社現代新書　2009年

　福永文夫『日本占領史 1945—1952』中公新書　2014年

▶**日本の領土**　サンフランシスコ平和条約によって，日本は朝鮮・台湾・南樺太・千島列島などの領土と南洋諸島の統治権を放棄した。また，奄美諸島・琉球諸島・小笠原諸島がアメリカを単独施政権者とする信託統治下に入ることを認めたが，アメリカはそれを国連に提案せず，施政権下に置いた。

46 日米相互協力及び安全保障条約

安保条約はどのようなものになったのか

1951(昭和26)年のサンフランシスコ平和条約で独立を回復した日本は、同日に結ばれた日米安全保障条約によって、「極東の平和と安全」のために、アメリカ軍が引き続き、日本国内に駐留することを認めた。しかし、革新勢力はこれに反対し、各地でアメリカ軍基地反対闘争が起こった。1957(昭和32)年に成立した岸信介内閣は、安保条約を改定して日米関係をより対等にすることを目指した。交渉の結果、1960(昭和35)年、日米相互協力及び安全保障条約が調印されたが、岸内閣の強引な政治手法などに反発した革新勢力による安保改定阻止国民会議や、全学連(全日本学生自治会総連合)などによる安保闘争が起こり、国会を大規模なデモが取り巻くという事態となった。安保条約は、どのようなものになったのだろうか。

史 料

第4条 締約国は、この条約の実施に関して随時協議し、また、日本国の安全又は極東における国際の平和及び安全に対する脅威が生じたときはいつでも、いずれか一方の締約国の要請により協議する。

第5条 各締約国は、日本国の施政の下にある領域における、いずれか一方に対する武力攻撃が、自国の平和及び安全を危うくするものであることを認め、自国の憲法上の規定及び手続きに従って共通の危険に対処するように行動することを宣言する。

第6条 日本国の安全に寄与し、並びに極東における国際の平和及び安全の維持に寄与するため、アメリカ合衆国は、その陸軍、空軍及び海軍が日本国において施設及び区域を使用することを許される。

(『条約集』)

史料を読む

　前文と10カ条からなる条約のうち，第4・5・6条を引用した。史料を読んでみよう。
　第4条は，日米両国の協議に関する規定で，条約の実施に関する協議のほか，日本の安全に対する脅威が発生した時，「極東」の平和と安全に対する脅威が発生した時に協議をするとされている。
　第5・6条は，日米の防衛協力の中核となるもので，第5条では，旧条約では規定されていなかったアメリカの日本防衛義務を明記し，日本も憲法上の規定に従って，日米共通の危険に対処するとしている。第6条では，アメリカ軍の日本駐留とそのための施設・区域の使用について規定している。第6条の「極東における国際の平和及び安全の維持に寄与するため」に基地を使用することは，旧条約の第1条に規定されているものを踏襲（とうしゅう）している。これによってアメリカは「極東の安全のため」という理由があれば，日本の基地から世界中どこへでも自由に出撃することができるのである。
　なお，第5条にある「施政の下にある領域」とは，日本の領域（領土・領空・領海）と同じではなく，条約締結当時にアメリカの施政権下にあった沖縄諸島や小笠原諸島，ソ連の占領下にある北方領土は含まれていない。

史料にまつわる，あれこれ

■岸信介内閣は何を目指したのか

　1957（昭和32）年2月に首相となった岸信介は，アメリカとの関係改善と安定を模索した。首相就任後まもなく，マッカーサー駐日アメリカ大使（マッカーサー元帥の甥）と，在日アメリカ軍基地や沖縄の問題などについて意見交換をし，アメリカの対日政策が軍事優先であり，安保条約の下で日本が片務（むてき）的な立場に置かれていることが，日本国内の反米感情の原因であることなども伝えた。岸は同年6月に訪米し，アイゼンハワー大統領と会談して，安

全保障条約改定の提案をした。提案のおもな内容は，アメリカ軍が日本を防衛する義務を明文化することや，アメリカ軍の装備の変更などについて日本政府と事前協議をすることであった。アメリカは，当初，安保条約改定に消極的だったが，岸の反共姿勢や，日本がアメリカのアジアにおける最前線基地であることなどから，安保改定の意向を受け入れて交渉を開始した。

　岸は，対等な立場でのアメリカの日本防衛の義務を明確にし，同時に国民の防衛意識を喚起(かんき)して，憲法改正による真の相互協力とすることを目指していた。そこで，新条約は，旧条約の微調整ではなく，全面改定して新たな条約を締結することになった。こうして，「日米相互協力及び安全保障条約」として「相互協力」が加えられた新条約は，1960(昭和35)年1月19日に，ホワイトハウスで調印された。

■ 安保闘争はどのように展開したか

　安保条約改定に反対する日本社会党は，「日米安保改定阻止国民会議」を発足させ，国会審議と，大衆行動で安保条約改定を阻止しようとした。1960(昭和35)年5月19日，自民党は，衆議院の特別委員会で新安保条約の単独採決に踏み切った。当日深夜に，国会に警官隊を導入して本会議で50日間の会議延長を行い，翌20日の本会議で，自民党単独で新安保条約を採決した。

　5月19日以後，安保反対闘争は高まり，5月26日からは安保改定阻止を掲げるデモ隊が国会議事堂を取り囲んだ。6月には，予定されていたアイゼンハワー大統領訪日の事前打ち合わせのために来日したハガチー大統領秘書官が，羽田空港に到着したものの，抗議デモに取り囲まれてヘリコプターで救出される事態となり，その後，大統領訪日は中止された。6月15日には，国会周辺のデモ隊と警官隊の衝突のなかで，東京大学の女子学生が死亡するという事態も起こった。

　条約は，参議院での自民党単独採決を経て，6月23日に批准書(ひじゅんしょ)が交換された。これを受けて岸内閣は退陣し，7月19日，池田勇人(はやと)内閣が誕生した。

教科書にはどう書かれているのか　　　　　　　(『詳説日本史』389〜390頁)

　1957(昭和32)年に成立した岸信介内閣は，革新勢力と対決する一方，「日米新時代」をとなえ，安保条約を改定して日米関係をより対等にすることをめざした。当初アメリカ側は安保改定に消極的であったが，交渉の結果，1960(昭和35)年1月には**日米相互協力及び安全保障条約**(新安

保条約)が調印された。新条約ではアメリカの日本防衛義務が明文化され,さらに条約付属の文書で在日アメリカ軍の日本および「極東」での軍事行動に関する事前協議が定められた。

　革新勢力の側は,新条約によってアメリカの世界戦略に組み込まれる危険性が高まるとして,安保改定反対運動を組織した。政府・与党が,1960(昭和35)年5月,警官隊を導入した衆議院で条約批准の採決を強行すると,反対運動は「民主主義の擁護」を叫んで一挙に高揚した。安保改定阻止国民会議を指導部とする社共両党・総評などの革新勢力や,全学連(全日本学生自治会総連合)の学生,一般の市民からなる巨大なデモが連日国会を取り巻いた(**60年安保闘争**)。

▶もっと知りたい人のための参考文献
　日高六郎編『1960年5月19日』岩波新書　1960年
　原彬久『岸信介―権勢の政治家』岩波新書　1995年
　吉次公介『日米同盟はいかにして作られたか』講談社選書メチエ　2011年
　坂本一哉監修・解説『はじめて読む日米安保条約』宝島社　2016年

▲新安保条約反対のデモ(1960年6月18日)　空前の規模の抗議行動が約1カ月間続いた。デモとストの波は全国におよんだ。(朝日新聞社提供)

47 日韓基本条約
日本と韓国の国交正常化はどのように行われたのか

　日本の植民地であった朝鮮半島は，第二次世界大戦終了後，南部をアメリカが，北部をソ連が占領した。1948(昭和23)年8月には南部に大韓民国(韓国)が，同年9月には北部に朝鮮民主主義人民共和国(北朝鮮)が建国され，南北分裂状態が固定化した。日本と韓国の国交正常化交渉(日韓会談)は，1952年以来断続的に続けられ，植民地時代の事後処理，漁業問題などが課題となった。分断国家の一方である韓国とのみ国交正常化することは，朝鮮半島の南北分断をいっそう固定化するものだとして，内外から反対も強かったが，1965(昭和40)年に日韓基本条約(日本と大韓民国との間の基本関係に関する条約)が結ばれた。どのような経緯で，どのような条約が結ばれたのだろうか。

史　料

第1条　両締約国(日本と韓国)間に外交及び領事関係が開設される。両締約国は，大使の資格を有する外交使節を遅滞なく交換するものとする。また，両締約国は，両国政府により合意される場所に領事館を設置する。

第2条　1910年8月22日以前に大日本帝国と大韓帝国との間で締結されたすべての条約及び協定は，もはや無効であることが確認される。

第3条　大韓民国政府は，国際連合総会決議第195号(Ⅲ)に明らかに示されているとおりの朝鮮にある唯一の合法的な政府であることが確認される。

(『条約集』)

史料を読む

　7カ条からなる日韓基本条約のうち，第1・2・3条を引用した。史料を読んでみよう。

　前文はなく，第1条から始まっている。第1条は，日本と韓国との外交関係を樹立することがうたわれている。

　第2条はこの条約のもっとも重要な点である過去の関係の清算に関することである。韓国は，1910(明治43)年8月22日の日本による併合条約は，違法な手段によって締結されたため，植民地支配は当初から違法であり，無効であると主張し，日本は，併合条約は合法的に締結されたものであり，植民地支配も合法的に行われたと主張した。双方の主張に妥協の余地がなかったので，「もはや無効」という曖昧な表現となった。

　第3条は，南北に分断された朝鮮半島における韓国の地位をどう扱うかということで，韓国を「朝鮮にある唯一の合法的な政府であることが確認される」としている。

史料にまつわる，あれこれ

■ 日韓国交正常化交渉はどのように進められたか

　日本はサンフランシスコ平和条約の発効で主権を回復した後，朝鮮戦争の最中の1951(昭和26)年10月に，アメリカの仲介で韓国との国交正常化交渉を開始した。日本が，カイロ宣言・ポツダム宣言の「朝鮮の自由・独立」を受け入れ，サンフランシスコ平和条約で「朝鮮に対するすべての権利，権原及び請求権を放棄」したことを前提に交渉が進められたが，日韓双方の基本的立場に大きな隔たりがあった。また，1953(昭和28)年の会談で，日本側主席代表の久保田貫一郎外務省参与の「日本としても朝鮮の鉄道や港を造ったり，農地を造成したりしたし，大蔵省は，当時，多い年で2000万円も持ち出した。」などという発言をきっかけに交渉が中断するなどしたため，交渉は容易に進まず，条約の締結には，7次の会談で14年の歳月を費やすことになった。

　日韓国交正常化交渉は，朴正煕政権期に入って以降，大統領の強い意志

により新たな展開を迎えた。朴大統領は，強い反対世論を押し切って日韓国交正常化を実現しようとしたが，これは，安全保障面では，アメリカを中心に韓国と日本が自由陣営の一員として結束し，ソ連と中国，北朝鮮からなる共産陣営に対抗するためであり，経済面では，先進国日本の経済協力に依存して経済開発を進めるというものであった。

1965(昭和40)年6月22日，日韓基本条約と4つの協定の調印が行われ，同年12月18日には批准書(ひじゅんしょ)が交換されて，日本と韓国の国交が正常化された。

■ どのような条約が結ばれたか

史料で読んだ通り，もっとも重要な点である過去の関係の清算に関して，韓国併合条約などを「もはや無効である」として，双方の主張に配慮したいわば玉虫色の条文となっている。日韓両国が自国の立場を譲らなかったから，このような表現となったのである。この段階では，日本の植民地支配をめぐる問題を封印したことになるが，これが日韓関係の基本矛盾となり，その後の両国の関係に大きな影を落とすことになる。

第3条で，韓国を「朝鮮にある唯一の合法的な政府」とした。この箇所だけを読むと，「韓国＝朝鮮にある唯一の合法的な政府」ということになり，北朝鮮(朝鮮民主主義人民共和国)の存在を否定することにもなるが，国際連合総会決議第195号(Ⅲ)を引用することによって，北朝鮮の存在を完全に否定しないようにしている。国連決議第195号(Ⅲ)では，韓国を，朝鮮半島初の国会議員選挙(北は不参加)の実施された朝鮮半島の南側に限定された「唯一の合法的な政府」と宣言したと読み取れるので，北朝鮮の存在を否定していない解釈が可能だからである。韓国は，全朝鮮半島の唯一の合法政権であることを確認したと解釈し，日本は，北緯38度線以南を現に管轄している事実を確認したに過ぎないと説明している。

なお，日本は，国交正常化交渉で竹島の領有をめぐる問題も含めて妥結することを求めたが，韓国は，竹島を交渉の懸案とすることはできないという立場を崩さなかった。日本は「紛争の解決に関する交換公文」にも竹島という表現を盛り込むことを主張したが，韓国は断固拒否し，実現しなかった。

教科書にはどう書かれているのか

(『詳説日本史』390〜391頁)

　1964(昭和39)年に成立した佐藤栄作内閣は，経済成長の順調な持続にも支えられて7年半以上におよぶ長期政権となった。佐藤内閣はまず外交的懸案の日韓交渉を進め，1965(昭和40)年に**日韓基本条約**を結んで，1910(明治43)年の韓国併合以前に締結された条約および協定の無効を確認し，韓国政府を「朝鮮にある唯一の合法的な政府」と認め，韓国との国交を樹立した。

▶もっと知りたい人のための参考文献

　高崎宗司『検証日韓会談』岩波新書　1996年
　木村幹『韓国現代史』中公新書　2008年
　趙世暎『日韓外交史　対立と協力の50年』平凡社新書　2015年
　池内敏『竹島―もうひとつの日韓関係史』中公新書　2016年

▲日韓条約の調印式　1965(昭和40)年6月22日に，日本の首相官邸にて，国交正常化のための日韓基本関係条約，漁業・請求権・経済協力などが調印された。(朝日新聞社提供)

48 日中共同声明
日中国交正常化はどのように実現したか

第二次世界大戦後、中国では、1949(昭和24)年10月、毛沢東主席により中華人民共和国の建国が宣言され、蔣介石を総統とする中華民国政府は台湾に逃れて存続した。1951(昭和26)年のサンフランシスコ講和会議には、「二つの中国」は招かれず、日本は、1952(昭和27)年に中華民国と日華平和条約を締結した。その後、中国の国連加盟や、アメリカのニクソン大統領の中国訪問、中ソ対立の深刻化など、国際情勢の変化もあり、1972(昭和47)年、田中角栄首相は中国を訪問し、国交を正常化した。どのような経緯で、日中国交正常化が実現できたのだろうか。

史　料

……日本側は、過去において日本国が戦争を通じて中国国民に重大な損害を与えたことについての責任を痛感し、深く反省する。また、日本側は、中華人民共和国政府が提起した「復交三原則」を十分理解する立場に立って国交正常化の実現をはかるという見解を再確認する。中国側は、これを歓迎するものである。……

3　中華人民共和国政府は、台湾が中華人民共和国の領土の不可分の一部であることを重ねて表明する。日本国政府は、この中華人民共和国政府の立場を十分理解し、尊重し、ポツダム宣言第8項に基づく立場を堅持する。

5　中華人民共和国政府は、中日両国国民の友好のために、日本国に対する戦争賠償の請求を放棄することを宣言する。

7　日中両国間の国交正常化は、第三国に対するものではない。両国のいずれも、アジア・太平洋地域において覇権を求めるべきではなく、このような覇権を確立しようとする他のいかなる国あるいは国の集団による試みにも反対する。
　　　　　　　　　　　　　　　　　　　(『日本外交主要文書・年表』)

史料を読む

　1972(昭和47)年9月29日に日本と中華人民共和国との間で調印された共同声明は、前文と9項目からなる。引用した箇所を読んでみよう。

　前文では、日本が過去の戦争に対する責任を認めて反省を示し、中国が提起した復交三原則(①中華人民共和国政府が唯一の合法的政府であること。②台湾は中華人民共和国の領土の不可分の一部であること。③日華平和条約を放棄すること。)を理解して、戦争状態の終結と国交正常化を宣言している。

　第3項は、台湾が中華人民共和国の領土の不可分の一部であるという中国の主張を日本が理解するというものである。それまで友好関係にあった台湾にも配慮し、日本側からこのような文言を提案したが、中国の了解が得がたいため、「ポツダム宣言第8項に基づく立場を堅持する。」という文言が追加された。ポツダム宣言第8項では、カイロ宣言に基づいて日本の領土に関する方針について述べられており、カイロ宣言ではそれまで日本の植民地であった台湾を中華民国に返還されるべきであるとしている。この立場を堅持することで、「一つの中国」を認めるというメッセージを送ったのである。

　第5項では、中国が日本に対する戦争賠償の請求を放棄するとしている。戦争で多大な被害を被った中国民衆には、賠償請求放棄に根強い抵抗感があったが、蔣介石の台湾が請求権を放棄しており、賠償金が日本国民の負担となって日中友好の妨げとならないようにするために、中国政府が賠償請求を放棄した。

　第7項の「覇権」とは、特定の人物または集団が長期にわたって地位や権力を掌握することであるが、「覇権を確立しようとする他のいかなる国」とはソ連を意識したものである。中国としては、ソ連との対立が深刻化することによって、日本との国交正常化を急いだことが読み取れる。

史料にまつわる，あれこれ

■ **第二次世界大戦後の日中関係はどうだったか**

　第二次世界大戦に敗戦した日本は，サンフランシスコ講和会議で独立を回復したが，アメリカ主導で進められたこの講和会議に，中国は招かれなかった。戦後の日本外交は対米協調を基軸にしており，アメリカの強い意向で，1952(昭和27)年に台湾の中華民国政府と日華平和条約を締結し，戦争状態を終結させた。

　中華人民共和国(中国)との国交正常化も大きな外交課題であったが，米中対立が大きな障害となっていた。中国とは，「政経分離」の原則のもとで貿易など経済交流が行われ，自由民主党や日本社会党の国会議員も中国を訪問した。

　1960年代後半から，中国とソ連との対立が顕著(けんちょ)となった。また，ベトナム戦争終結に向けて中国の協力を得たいアメリカは，中国との接近を模索していた。1971(昭和46)年7月にアメリカのニクソン大統領が突如訪中を発表し，同年10月の国連総会では，中国が国連加盟を承認されて安全保障理事会の常任理事国となるなど，国際情勢に大きな変動があった。これらが，日中国交正常化を後押しすることになった。

■ **日中国交正常化はどのように進められたか**

　1972(昭和47)年7月，54歳の若さで首相となり「今太閤(いまたいこう)」と呼ばれた田中角栄は，同年9月，のちに首相となる大平正芳(まさよし)外相とともに中国を訪問し，国交正常化交渉にのぞんだ。

　日本はそれまでの台湾との20年にわたる友好関係があり，自民党には「蔣介石の恩を忘れるな」と主張する親台湾派の議員も少なからずおり，タカ派や右翼など中国との国交正常化に強く反対する勢力もいた。また，ニクソン大統領が訪中したとはいえ，アメリカはまだ中国を承認しておらず，日中国交正常化が日本外交の基軸である日米安保体制を害することのないようにしなければならなかった。日本は，中国が提起した復交三原則を無条件に受け入れることはできなかったのである。

　交渉の結果，復交三原則のうち，中華人民共和国政府が中国における唯一の合法的政府であることは，共同声明に盛り込まれたものの，台湾が中華人

民共和国の領土の不可分の一部であることについては、共同声明第3項の通りとなった。日華平和条約の破棄については共同声明に盛り込まれず、調印式終了後の大平外相の談話として、日華平和条約の終了が宣言された。日中共同声明を受けて、台湾の国民政府は日本との国交断絶を宣言したが、「我が政府は依然として友誼を保持し続ける」とした。日本に対する報復などはなく、日本と台湾との民間レベルの交流はその後も継続されている。

教科書にはどう書かれているのか

（『詳説日本史』404頁）

　1972（昭和47）年、田中角栄が「日本列島改造論」を掲げて内閣を組織した。田中首相は、同年9月に訪中して日中共同声明を発表し、**日中国交正常化**を実現したが、……

（注）日本側が戦争における加害責任を認め、反省する態度を表明したうえで、日中両国間の「不正常な状態」の終結を共同で宣言し、さらに日本は中華人民共和国を「中国で唯一の合法政府」と認めた。これにともなって、日本と台湾の国民政府との外交関係は断絶したが、貿易など民間レベルでは密接な関係が続いている。

▶もっと知りたい人のための参考文献

　毛利和子『日中関係　戦後から新時代へ』岩波新書　2006年
　福永文夫『大平正芳』中公新書　2008年
　服部龍二『日中国交正常化』中公新書　2011年
　服部龍二『田中角栄―昭和の光と闇』講談社現代新書　2016年

▲日中共同声明の発表（1972〈昭和47〉年、北京）（朝日新聞社提供）

主な史料所蔵機関（50音順）

外務省外交史料館　東京都港区麻布台1-5-2

外交記録の管理，保存，展示，公開や，『日本外交文書』の編纂刊行を業務としている。所蔵する特定歴史公文書等には「戦前期外務省記録」を中心とする幕末から第二次世界大戦終結までの記録と歴史的価値があるとして受け入れた戦後の外交記録などがある。

国立公文書館　東京都千代田区北の丸公園3-2

政府の行政機関等から移管された，歴史資料として重要な公文書を所蔵し，一般に公開している。所蔵史料は，明治時代以来の公文書が約60万冊，旧内閣文庫約53万冊である。内閣文庫は，明治以降内閣によって保管された古書・古文書のコレクションで，江戸幕府から受け継いだ蔵書を中核に明治政府が収集したものが加えられている。

国立国会図書館　東京都千代田区永田町1-10-1

日本国内のすべての出版物を収集・保存する唯一の図書館。議会のための図書館であるので，重点的に受け入れた近代政治史関連史資料からなる憲政資料，国内外の議会・法令関係資料を多く所蔵している。また，旧藩校の蔵書，徳川幕府引継書類や，戦前に発禁処分を受けた書籍・雑誌も収蔵している。

東京都公文書館　東京都世田谷区玉川1-20-1

1968（昭和43）年，都政史料館と東京都総務局総務部文書課の一部機能を統合して開設された。東京府・東京市時代からの公文書や行政刊行物を系統的に収集・保存し，閲覧に供するとともに，『東京市史稿』などの明治期以来の修史事業を継続している。

内閣府沖縄振興局沖縄戦関係資料閲覧室　東京都千代田区永田町1-11-39

内閣府（旧沖縄開発庁）が収集した国などの保有する沖縄戦に関する公文書等の資料を公開している。

出典一覧

■古代

三国志　①邪馬台国「魏志倭人伝」

　晋の陳寿(ちんじゅ)（233～297）が編纂した魏・呉・蜀の3国が争っていた時代の正史で，『三国志』の「魏書巻三十烏丸鮮卑東夷伝倭人条」を「魏志倭人伝」と呼んでいる。中国の正史の日本列島に関する記事としては，『漢書』に次いで古く，『後漢書』よりも古い。邪馬台国や卑弥呼についてまとまった記事があり，3世紀の日本の様子を知る貴重な史料であるが，邪馬台国の位置に関する記述などに誤りや誇張もあることから，慎重な取り扱いが必要となる。

　石原道博翻訳『魏志倭人伝・後漢書東夷伝・宋書倭国伝・隋書倭国伝』（岩波文庫）や藤原明保・竹田晃・影山輝國訳註『倭国伝』（講談社学術文庫）で読むことができる。

宋書　②倭王武の上表文

　中国南朝宋（420～479）の正史で，梁(りょう)（502～557）の沈約(しんやく)の編纂による。「夷蛮伝(いばんでん)」倭国の条に，5世紀に遣使した倭の五王（讃・珍・済・興・武）のことが記されている。最後の武は『日本書紀』の雄略天皇に比定され，5世紀におけるヤマト政権の日本列島の統一の過程を推察することができる。

　石原道博翻訳『魏志倭人伝・後漢書東夷伝・宋書倭国伝・隋書倭国伝』（岩波文庫）や藤原明保・竹田晃・影山輝國訳註『倭国伝』（講談社学術文庫）で読むことができる。

隋書　③遣隋使の派遣

　7世紀に魏徴(ぎちょう)らによって編纂された隋の正史で，全85巻である。第81巻に「東夷伝倭国の条」があり，古い記事の多くは『後漢書』によっている。7世紀の倭の習俗や政治のあり方に関する記事もある。遣隋使の記事のほか，冠位十二階や厳格な刑罰制度などについても記されている。

石原道博翻訳『魏志倭人伝・後漢書東夷伝・宋書倭国伝・隋書倭国伝』(岩波文庫)や藤原明保・竹田晃・影山輝國訳註『倭国伝』(講談社学術文庫)で読むことができる。

日本書紀　③遣隋使の派遣
　　　　　　④大化改新の詔

720(養老4)年に，舎人親王らによって，中国の歴史書の体裁にならって編纂されたもので，漢文，編年体で書かれている。全30巻からなり，神話・伝承を含めて神代から持統天皇に至るまでの歴史を，天皇を中心に記している。天皇家の支配や律令国家の正統性を示すために編纂された歴史書であるので，十分な史料批判が必要となるが，古代史研究に不可欠な史料である。

坂本太郎他校注『日本書紀』(全5冊)(岩波文庫)，宇治谷孟訳『全現代語訳　日本書紀』(全2冊)(講談社学術文庫)などで読むことができる。

続日本紀　⑤国分寺建立の詔
　　　　　　⑥大仏建立の詔

797(延暦16)年に成立した歴史書で，697(文武天皇元)年から桓武天皇の791(延暦10)年までが記されている。六国史の2番目にあたる正史である。全40巻であるが，前半と後半が別々に編纂されたため，記事の選択や体裁などに不統一がある。奈良時代研究の基本史料である。

宇治谷孟訳『全現代語訳　続日本紀』(全2冊)(講談社学術文庫)で読むことができる。

東寺百合文書　⑧荘園の寄進(肥後国鹿子木荘)
　　　　　　　　⑬永仁の徳政令

京都の東寺(教王護国寺)に伝来する文書群で，江戸時代に加賀藩主前田綱紀が寄進した100個の箱に文書を収めたので，「百合文書」と呼ばれている。現在は，国宝に指定され，京都府立総合資料館に保管されている。

東寺の所領である山城国の上久世荘・下久世荘，若狭国太良荘，播磨国矢野荘，丹波国大山荘，肥後国鹿子木荘などの荘園の経営に関する文書が長期的かつ継続的に保管されており，寺内の会議の議事録である「供僧評定引付」が保管されていることなど，古代・中世の荘園研究や，大寺院の運営の研究に関する貴重な史料となっている。

■中世

中右記　⑨院政の開始
　藤原宗忠(むねただ)の日記で，宗忠が中御門右大臣と称したことからその名がある。1087（寛治元）年から1138（保延4）年までの52年間にわたって書き継がれ，白河院政期から鳥羽院政期にかけての重要史料である。平安時代の貴族は，儀式や政務を記録するために日記をつけ，その家に代々保存し，貴重な情報として活用していた。

平家物語　⑩平氏の繁栄
　源平の争乱を平家滅亡の歴史として描いた，軍記物語の傑作とされる。鎌倉時代前期に成立し，盲目の琵琶法師が平曲として語り継ぎ普及した。内容は，平清盛の父忠盛の昇殿に始まり，権勢を欲しいままにする清盛ら平氏一門の栄華，それを打倒しようとする源氏との合戦，壇の浦での平氏滅亡までを描いている。
　梶原正昭他校注『平家物語』（全4冊）（岩波文庫），佐藤謙三校注『平家物語』（全2冊）（角川ソフィア文庫）などで読むことができる。

御成敗式目　唯浄裏書本　⑪北条泰時書状—式目制定の趣旨
　御成敗式目の注釈書。作者の唯浄は実名を斎藤基茂といい，藤内兵衛入道とも称し，永仁～正安年間（1293～1301）に六波羅奉行人として活動した。1条から19条は失われているが，20条以降51条までの各条文の裏に法律用語の訓，解釈などが記されている。1289（正応2）年の成立である。最古の式目注釈書で，中世法制史上重要な史料である。『中世法制史料集　別巻』（岩波書店）に所収。

高野山文書　⑫紀伊国阿氏河荘民の訴状
　高野山金剛峯寺に伝わる古文書群。整理されたものに「宝簡集(ほうかんしゅう)」・「続(ぞく)宝簡集」・「又続(ゆうぞく)宝簡集」がある（未整理のものも多数ある）が，これらは御影堂文書の一部で，江戸時代に整理された平安時代以降の文書3000点余である。高野山の歴史はもとより日本史上における重要な史料であり，国宝に指定されている。東京大学史料編纂所より『大日本古文書』家わけ第1として全8冊が刊行されているほか，金剛峯寺編『高野山文書』（既刊7冊，歴史図書

社）にも所収。

歎異抄　⑭悪人正機
親鸞の弟子の唯円(ゆいえん)が，親鸞没後，関東の門徒たちの間に師の教えに対する異義・異端が生じ，師の教えが乱れるのを歎いて，正しい師の教えを継承することを目的として書き記した書物である。親鸞没後約30年後に成立した。全18条のうち前半は親鸞から直接聴聞した言葉の記録，後半は唯円の意見である。

金子大栄校注『歎異抄』（岩波文庫），阿満利麿訳・注『歎異抄』（ちくま学芸文庫）などで読むことができる。

今堀日吉神社文書　⑮惣掟
比叡山領近江国得珍保(とくちんほ)の今堀郷の鎮守であった日吉神社（滋賀県東近江市）に伝来した約1000点におよぶ惣村文書で，中世の商業史・惣村史研究に不可欠の文書群である。現在は，滋賀大学経済学部附属史料館に保管されている。

大乗院寺社雑事記　⑯山城の国一揆
興福寺大乗院門跡の尋尊(じんそん)の日記で，1450（宝徳2）年～1508（永正5）年の記事が収録されている。寺内の行事・人事や組織，寺領荘園の経営，応仁の乱前後の大和や河内，京都の情勢，幕府や貴族層の動向などが記されている。自筆の原本が内閣文庫に所蔵，国の重要文化財に指定されており，竹内理三編『続史料大成』（臨川書店）などに所収。

■近世

近江八幡市共有文書　⑱楽市令
滋賀県近江八幡市の共有文書で，現在は近江八幡市立資料館に所蔵されている。「楽市令」は「安土山下町中掟書(さんげ)」として国の重要文化財に指定されている。

浅野家文書　⑲太閤検地
安芸国広島藩主伝来の文書群。浅野長政が秀吉に重用されて五奉行を務めた関係で，豊臣秀吉の判物，朱印状や諸大名からの書状があり，江戸時代の

歴代藩主の任官・叙位の口宣案や書状なども残る。東京大学史料編纂所より『大日本古文書』家わけ第2として刊行されている。

小早川家文書　⑳刀狩令

豊臣政権の五大老とされた小早川家に伝来した文書群。小早川家は，秀秋の時に改易となり，文書も他家に伝えられた。現在は国の重要文化財に指定され，文化庁が保管している。東京大学史料編纂所より『大日本古文書』家わけ第11として刊行されている。

なお，刀狩令は，小早川文書以外に，原本や写しなどを含めると20点ほどが現存している。その分布は，北陸の加賀前田家から南九州の薩摩島津家まで，当時の秀吉の勢力圏のほぼ全域にわたっている。掲載された史料は，小早川家に伝わったものである。史料からわかるように，どの刀狩令にも宛名が記されていない。これは，特定の個人や大名らに宛てて出されたものではなく，一般法令としての性質を持つことを示している。

松浦文書　㉑バテレン追放令

肥前の平戸藩主であった松浦家に伝えられた文書で，長崎県平戸市の松浦史料博物館に所蔵されている。「バテレン追放令」と呼ばれる文書は，通常この「松浦文書」に収められた6月19日付の5カ条の文書を指すが，1933（昭和8）年に伊勢神宮の神宮文庫から発見された「御朱印師職古格」に6月18日付の11カ条の覚書もある。

御触書寛保集成　㉒武家諸法度（天和令）
　　　　　　　　　㉕田畑永代売買の禁止令
　　　　　　　　　㉖上げ米の令
御触書天保集成　㉙異国船打払令

「御触書集成」とは，江戸幕府が出した御触書をまとめた法令集のこと。江戸時代を通じて4回にわたって作成され，編纂開始の年代ごとに「寛保集成」「宝暦集成」「天明集成」「天保集成」と呼称された。ただし，当時は正式な呼称はなく，「御触書集成」の名称は，1934（昭和9）年に岩波書店から刊行した際に編纂にあたった石井良助・高柳真三らが命名した。

大日本史料　㉓禁中並公家諸法度

歴史上の重要事件を「綱文」と称する概要を表す文章で示し，その関連史料を列挙して編纂したものである。年代的には『日本書紀』から始まる六国史のあとを受け，887（仁和3）年から1867（慶応3）年までの約980年を16の編にわけて，東京大学史料編纂所が現在も編纂を続けている。禁中並公家諸法度の原本は，もともとは御所の殿舎に壁書として置かれたというが，火災で焼失。その後，副本をもとに伝来した。

教令類纂　㉔鎖国令（寛永12年禁令）

旗本の宮崎成身が職務のかたわらに編集した法令集で，初集はほぼ慶長期（1596～1614）から1715（正徳5）年，二集は1716（享保元）から1786（天明6）年の幕府法令を集め，1829（文政12）年に完成した。

御当家令条　㉔鎖国令（寛永16年禁令）
　　　　　　　　㉕寛永19（1642）年の農村法令

近世の私撰の法令集で，1711（正徳元）年，藤原親長の序文がある。1597（慶長2）年9月から1696（元禄9）年10月まで100年間の江戸幕府の法令など約600通を収めている。成立は1711年とも考えられるが，1696年から1700（元禄13）年の間という説もある。

牧民金鑑　㉚人返しの法

幕府の代官であった荒井顕道が，幕府の地方支配のための法令をまとめたものである。全22巻で，1853（嘉永6）年に成立した。近世の地方制度に関する基本的な法令をほとんど収め，幕府の地方支配の実態を知る上で貴重な史料である。

天保法制　㉛株仲間の解散

天保の改革期を中心に幕府の法令をまとめたもので，全2冊からなる。

■近代・現代

大日本古文書　幕末外国関係文書　㉜日米修好通商条約

東京大学史料編纂所が編纂している古文書集であり，「編年文書」・「家わけ

文書」・「幕末外国関係文書」の3種類で構成されている。「幕末外国関係文書」は，外務省の幕末外交文書編纂事業を引き継いだもので，ペリー来航以降の外交関係をめぐる，近代日本黎明期の史料を収めている。

明治天皇紀　㉝王政復古の大号令
　　　　　　　　㉞五箇条の誓文

　1914（大正3）年に臨時編修局（のちの臨時帝室編修局）が編纂した明治天皇の編年体の記録。明治天皇や，幕末から明治期の研究をする際の基本史料である。

法令全書　㉟徴兵告諭
　　　　　　㊱学事奨励に関する太政官布告

　1868（明治元）年以降の「官報」掲載の法令を月別に分類・整理したもので，内閣官報局が編纂した。

日新真事誌　㊲民撰議院設立の建白

　イギリス人のブラックによって創刊された新聞である。ブラックは治外法権に守られ，『日新真事誌』に政府の政策を批判する意見書を掲載するなど，自由な言論活動を行っていた。1872（明治5）年に左院の情報を独占的に掲載する「左院御用」としての立場を得たが，民撰議院設立の建白を掲載したことで政府有力者から問題視された。1875（明治8）年に「左院御雇い」となって，新聞の所有権を日本人に譲るように求められた。

桂太郎関係文書　㊴第3次桂内閣初閣議での桂太郎の発言

　桂太郎に関する様々な史料を集めたもので，山県有朋をはじめ，井上馨，伊藤博文，西園寺公望らから桂宛ての書簡のほか，桂の自伝稿やその参考資料，立憲同志会関係書類，覚書，桂の葬儀関係文書などからなっている。現在は，国立国会図書館憲政資料室に架蔵されている。

日本外交年表竝主要文書　㊵二十一カ条の要求
　　　　　　　　　　　　　㊸ポツダム宣言

　外務省外交文書室が1955（昭和30）年に作成したもの。1965（昭和40）年11月，1966（昭和41）年1月に原書房より復刻された。1854（安政元）年の開

国から，1945（昭和20）年の終戦までの間の主要な外交文書を収録している。幕末よりワシントン会議までを上巻，それ以降終戦までを下巻とし，それぞれ「年表」の部分と条約その他の主要文書を網羅した「文書」の部から構成されている。

中央公論　㊶民本主義

1887（明治20）年に京都で刊行された『反省会雑誌』が前身で，のちに東京に移り，1899（明治32）年に『中央公論』と改題された。社会評論や学術，思想，文芸などを充実させ，大正デモクラシーの論壇の中心となった。1944（昭和19）年，中央公論社に対する解散命令により廃刊となるが，1946（昭和21）年に復刊し，現在に至っている。

官報　㊷治安維持法

法令，条約などの公示事項を掲載して，国民に周知させるための政府機関紙で，1883（明治16）年に創刊された。現在は，独立行政法人国立印刷局が編集，製造を管掌し，日刊で発行している。

条約集　㊺サンフランシスコ平和条約
　　　　　㊻日米相互協力及び安全保障条約
　　　　　㊼日韓基本条約

外務省条約局（現，外務省国際法局）が，暦年ごとに当該年に発効した条約を日本語と外国語で収録したもの。

日本外交主要文書・年表　㊽日中共同声明

『日本外交年表竝主要文書』の続編として，鹿島平和研究所により編纂された。1983（昭和58）年から現在のところ，第4巻までが刊行され，1941（昭和16）年から1992（平成4）年までの外交文書が収められている。

編者・執筆者
　　下山　忍　しもやましのぶ　東北福祉大学教授
　　會田康範　あいだやすのり　学習院高等科教諭・獨協大学非常勤講師

装幀
　　菊地信義
本文デザイン
　　黒岩二三［fomalhaut］

もういちど読む山川日本史史料

2017年7月25日　1版1刷　印刷
2017年8月5日　1版1刷　発行

編　者	下山忍・會田康範
発行者	野澤伸平
発行所	株式会社　山川出版社

　　〒101-0047　東京都千代田区内神田1-13-13
　　電話　03(3293)8131(代表)
　　https://www.yamakawa.co.jp/
　　振替　00120-9-43993

印刷所　協和オフセット印刷株式会社
製本所　株式会社　ブロケード

©2017 Printed in Japan　ISBN 978-4-634-59091-5

造本には十分注意しておりますが、万一、落丁・乱丁などがございましたら、小社営業部宛にお送り下さい。送料小社負担にてお取り替えいたします。
定価はカバーに表示してあります。

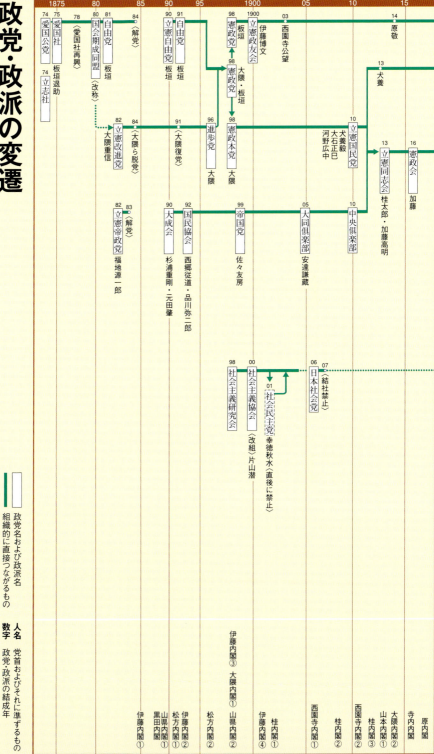

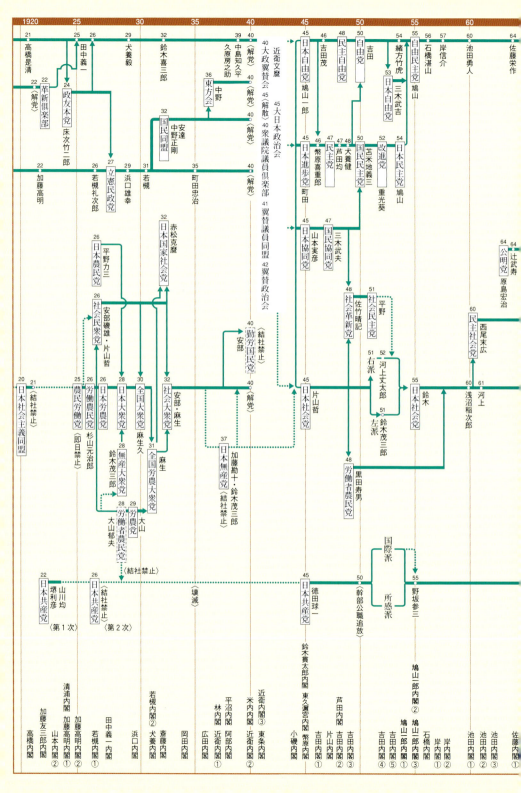

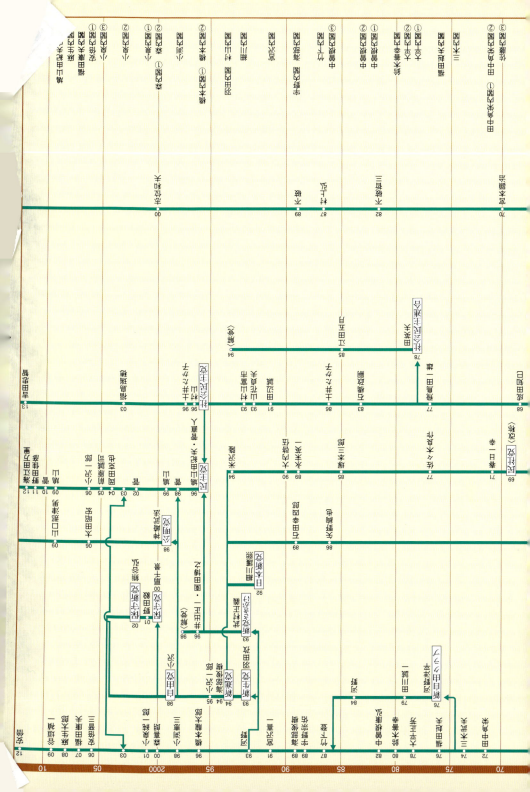